相続の問題は不動産の問題です!

幸せをつなぐために、今、
あなたがしなければならないこと

一般社団法人 あんしん相続支援センター理事
小林啓二

南雲堂

はじめに

『相続《そうぞく》の問題は、不動産の問題です！』

私が、セミナーの冒頭《ぼうとう》で必ずお伝えする言葉です。

相続の問題＝税金の問題、と考えていらっしゃる方が多いのですが、それは間違いです。

税金の問題は、いわゆる「金勘定《かねかんじょう》」、数字の問題なので割り切ることが可能です。一方、なかなか割り切ることができないのが「感情《かんじょう》」の問題なのです。

相続とは、端的《たんてき》にいうと「財産の承継《しょうけい》」のこと。その「承継」には感情が入ります。そしてその「財産」の大半は、価値のわかりにくい、分割《ぶんかつ》しづらい、換金《かんきん》しにくい「不動産」です。相続問題を考える上で、不動産の知識は必須《ひっす》です。不動産業に33年携《たずさ》わってきた中で、私は多くの事例《じれい》に立ち会ってきました。本書では、そんな事例のいくつか特徴的《とくちょうてき》な案件《あんけん》を紹介しております。

また、もうひとつ私がセミナーで必ずお伝えしている話があります。

それは、相続問題における「情報格差《かくさ》」の問題です。

「前もって知っていれば、こんなことにならなかったのに……。」

この言葉は、相続手続きを進めていく場面でよく聞かれる代表的な言葉です。今まで数百人のお客様の相続相談を受けてきて、たった一つの知識がなかったために、悲しい思いをされる人がとても多くいらっしゃいました。たった一つの知識や正確な情報さえあれば、その後の人生が全く違うものになっていく。そんなことが多く起きているのが、相続の現実なのです。

なぜこのように必要な情報がなかったり、正確ではない情報に振《ふ》り回《まわ》されたりしてしまうのでしょうか。それは相続を「自分事《じぶんごと》」として捉《とら》えることができていないからだと思います。相続対策とは、自分の死について受け止める必要があるから、どうしても腰が重くなってしまうのだと思います。

本書の中でもふれていますが、円満《えんまん》な相続のために相続発生《はっせい》後にできる行動は、1割程度。残りの9割は、相続が起こる前にしかできないことばかりなのですが、事前《じぜん》対策の重要性を感じている人はまだまだ少なく、実際に行動するのは、それが必要な人の3割程度に留《とど》まっています。

事前対策は、親（自分自身）が生きている間、いや元気でいる間にしかできない対策です。一人でも多くの方が相続を「自分事」として捉え、向き合い、行動し、相続対策が円満に終われるように、そして相続問題の本質をお伝えしたくて本書を刊行《かんこう》いたしました。

この書籍を通じて、全国の幸せの総量《そうりょう》を少しでも増やすことができたら嬉しいかぎりです。

2018年5月吉日

小林啓二

CONTENTS

第3章　実例でわかる相続のトラブルポイント　73

第4章 相続対策でまずすべきこと 125

終章　相続の相談は不動産知識のあるゼネラリストへ　155

第1章

相続問題は誰にでも起こりうる

うちはお金持ちじゃないから関係ない
その考えが相続トラブルを招く

私がこれまで数多くの相続の現場に立ち会ってきて思うのは、事前に対策しておけば、こんなことにはならなかったのに……、というケースがとても多いということです。

どうして、相続について事前に対策をしないかというと、「うちはお金持ちじゃなく、大した資産もないから相続なんて関係ないだろう」と考えている人がほとんどだからです。しかし、それは違います。ここには２つの大きな誤解があるようです。

ひとつは、『お金持ちじゃない』から『相続税がかからない』。だから相続で問題が起きるわけがないという誤解《ごかい》です。たしかに相続税には、３０００万円＋６００万円×法定相続人《ほうていそうぞくにん》の数の基礎控除《きそこうじょ》があり、さらに、亡くなった方が居住《きょじゅう》していた家の敷地は、条件を満たせば評価額を８割引にできる規定もありますから、それほど多くの人が相続税を納めなければいけないわけではありません。

東京国税局の管内《かんない》（東京、千葉、神奈川、山梨）で、全死亡者のうち相続税が発生するのは13％くらいです。全国にすると相続税を納めるのは約8％という数字になります。

「なんだ、8人に1人か。じゃあ、うちはやっぱり心配ないや」

そう思ってはいけません。相続で起こる問題の大半は、税の問題ではないのです。実は、相続人による遺産分割についてのトラブルの方が圧倒的に多いのです。

相続税がかかった人の割合

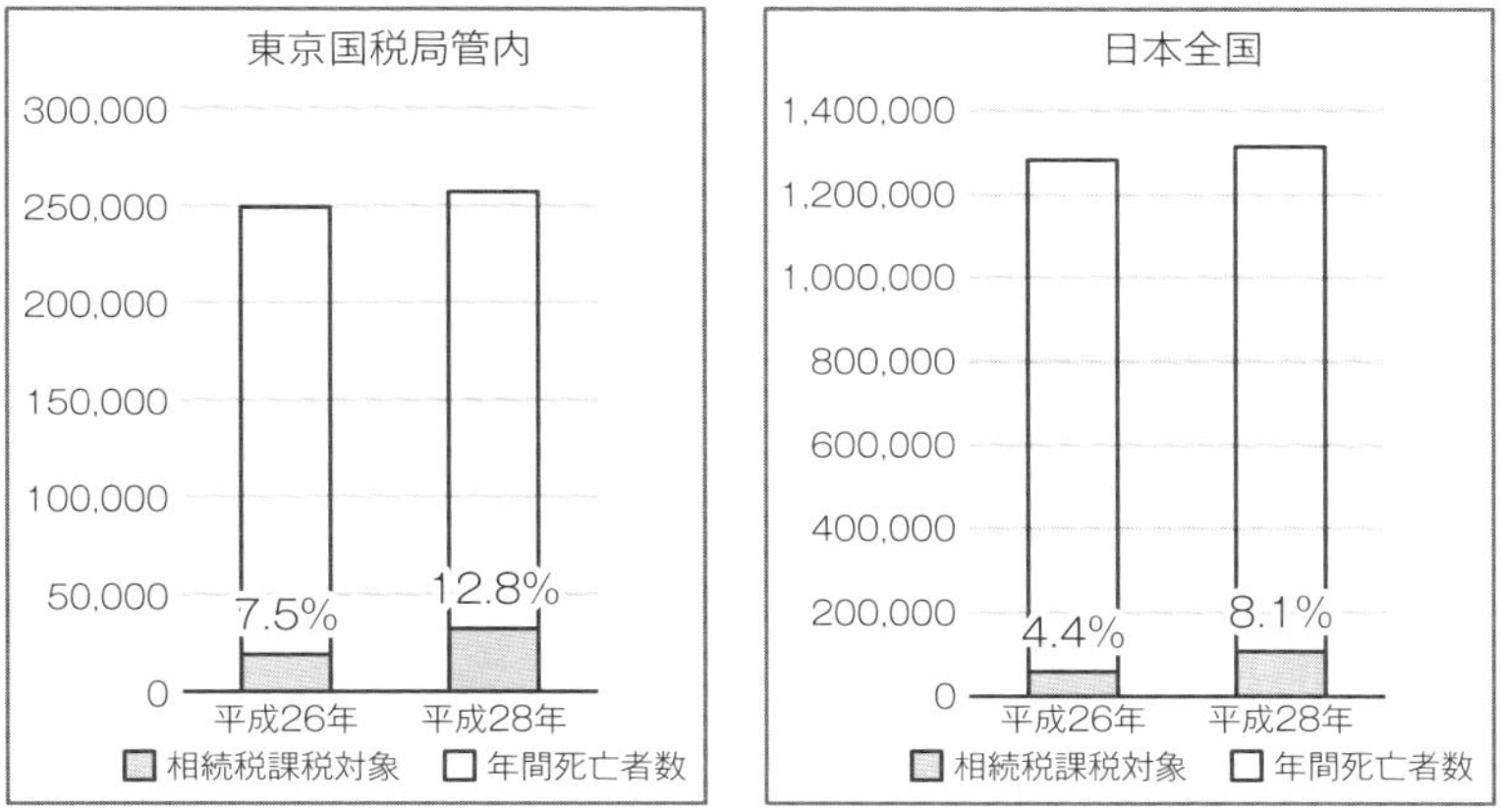

（国税庁発表より）

平成27年から相続税控除額が下がり、対象者が増加した

親族間の遺産争いは映画や小説の中の出来事ではない

「遺産分割？　うちは奪《うば》い合うようなお資産のあるお金持ちじゃないよ」

それも間違いです。相続争いというと、資産家や旧家で遺産を巡って親族間の骨《こつ》肉《にく》の争《あらそ》い――という場面が映画や小説でよく描《えが》かれますから、そんなイメージが強いのでしょう。しかし、実際にはお金持ちの方が遺産分割トラブルは少ないのです。

具体的な数字では、遺産分割を巡る裁判のうち、79％が相続財産5000万円以下の争いです。逆に5億円以上の遺産を巡る争いは、0・6％という数字です。

もう少し詳しく見ていくと、もっとも多く争いが起こった遺産額は1000万～5000万円。全体の45％を占めます。さらに、1000万円以下のケースが約34％。つまり遺産分割を巡って裁判をすることになった人の4人に3人が財産額5000万以下なのです。

5000万円以下といえば、主な遺産が、亡くなった人の住んでいた不動産1件という場合がほとんどでしょう。つまり、不動産1件だからこそ遺産相続で揉《も》めるのです。不動産は分けにくく、一般の人には価値もわかりにくい。ここが、相続で起こる問題の中心なのです。

　さらに、国税庁の統計も見てみましょう。遺産相続された財産を金額別に比較すると、土地が現金・貯金や有価証券を抑えて1位となっています。平成28（2016）年のデータでは、1年間の相続財産総額のうち、土地が38％、家屋《かおく》を加えると43・5％と、やは

分割争いは、遺産の少ない方が起こる

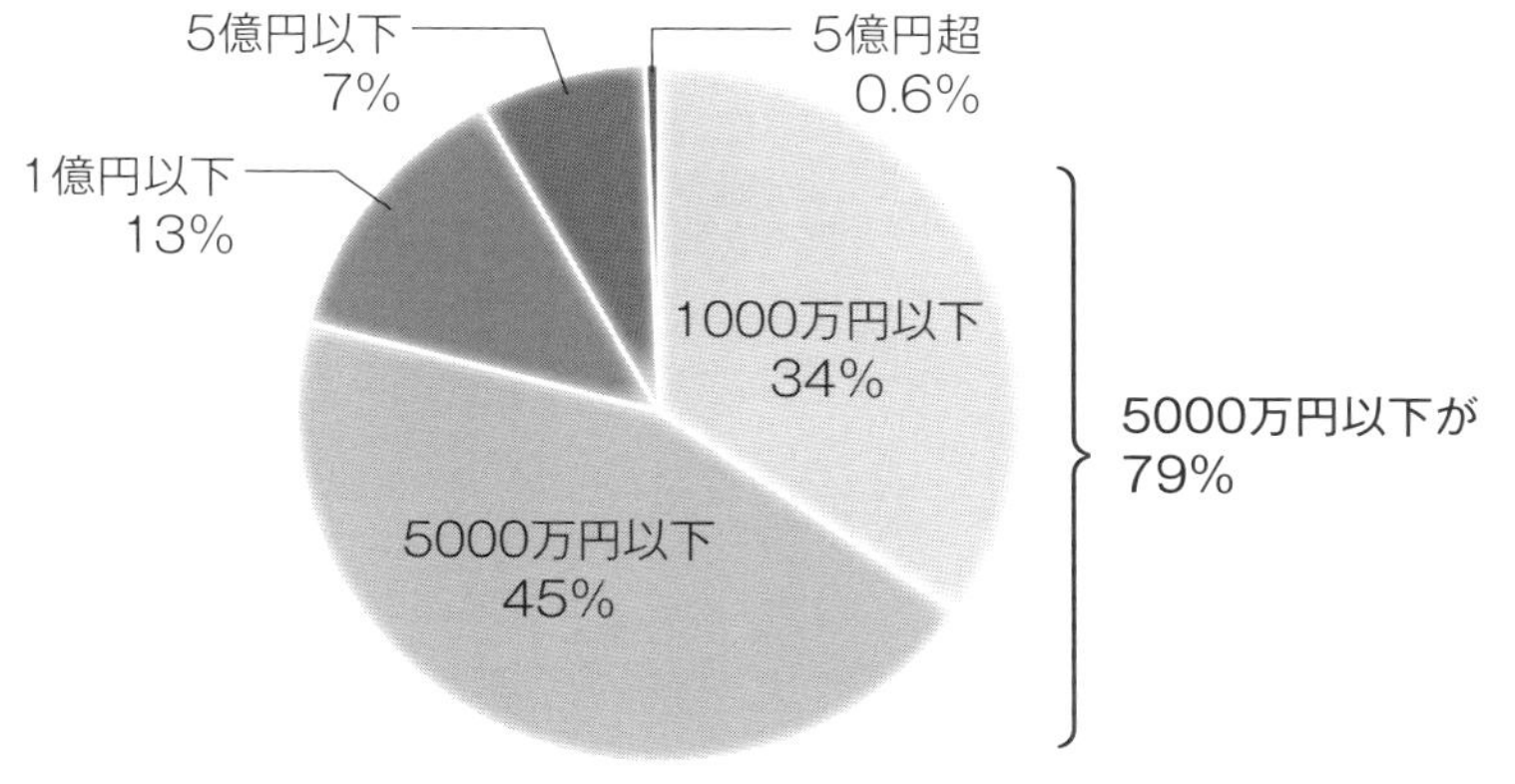

資料：裁判所　司法統計～平成28年度～
（調停成立件数内訳から）

り、遺産のメインは不動産なのです。

実はこの数字、平成12（2000）年頃までは不動産が相続財産総額の70％前後と、より圧倒的な比率を占めていました。それが現在の40％台まで下がった理由は、この18年で起きた不動産価格の下落です。こういった数字にも、不動産をとりまく時代の変化が現われています。

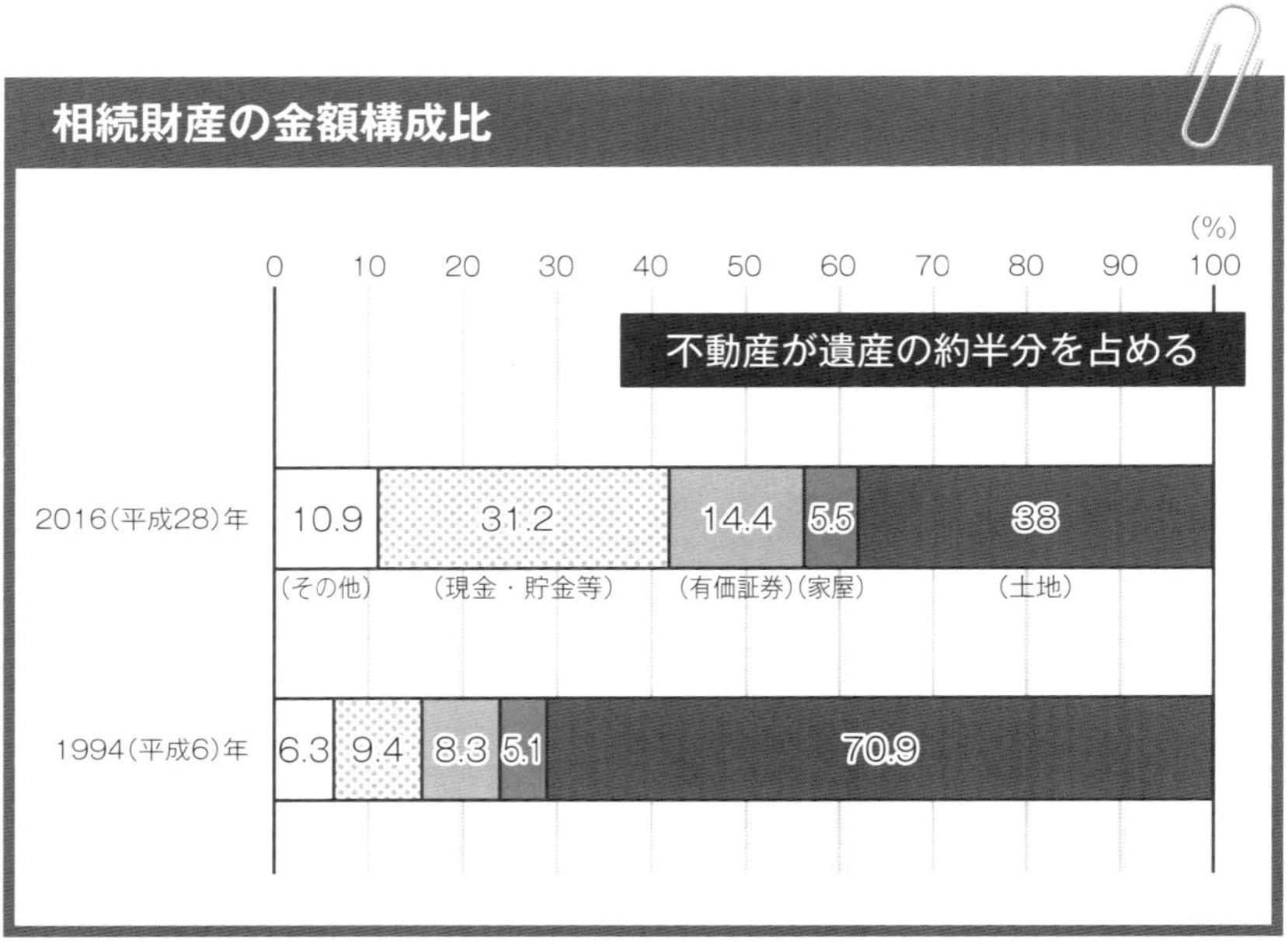

遺産分割の意見違いはとても身近な問題

実際にあった例を紹介しましょう。

87歳の母が都内郊外の持ち家で60歳の長女と２人暮らし。父は10年前に亡くなり、60代の息子（長女からみれば、兄）２人は独立して別に生活しています。長女は以前は勤めに出ていたのですが、両親が高齢になった10数年前に勤めを辞め、同居で世話をしていました。この母が亡くなったのですが、遺産は住んでいた家と土地が中心で時価3000万円ほどです。

長男は、ちょうど経営している商店の事業拡大を考えていたところで、遺産が現金で入るなら渡《わた》りに舟《ふね》と思っています。次男も、年金暮らしに備えて家の修繕《しゅうぜん》を考えていて、まとまった資金があるとありがたいと思っていました。２人は、「お前（長女）１人になるのだから、こんな広い家は必要ないだろう。売ってその金額を３等分しよう」と提案します。

遺産の不動産は分け方が難しい

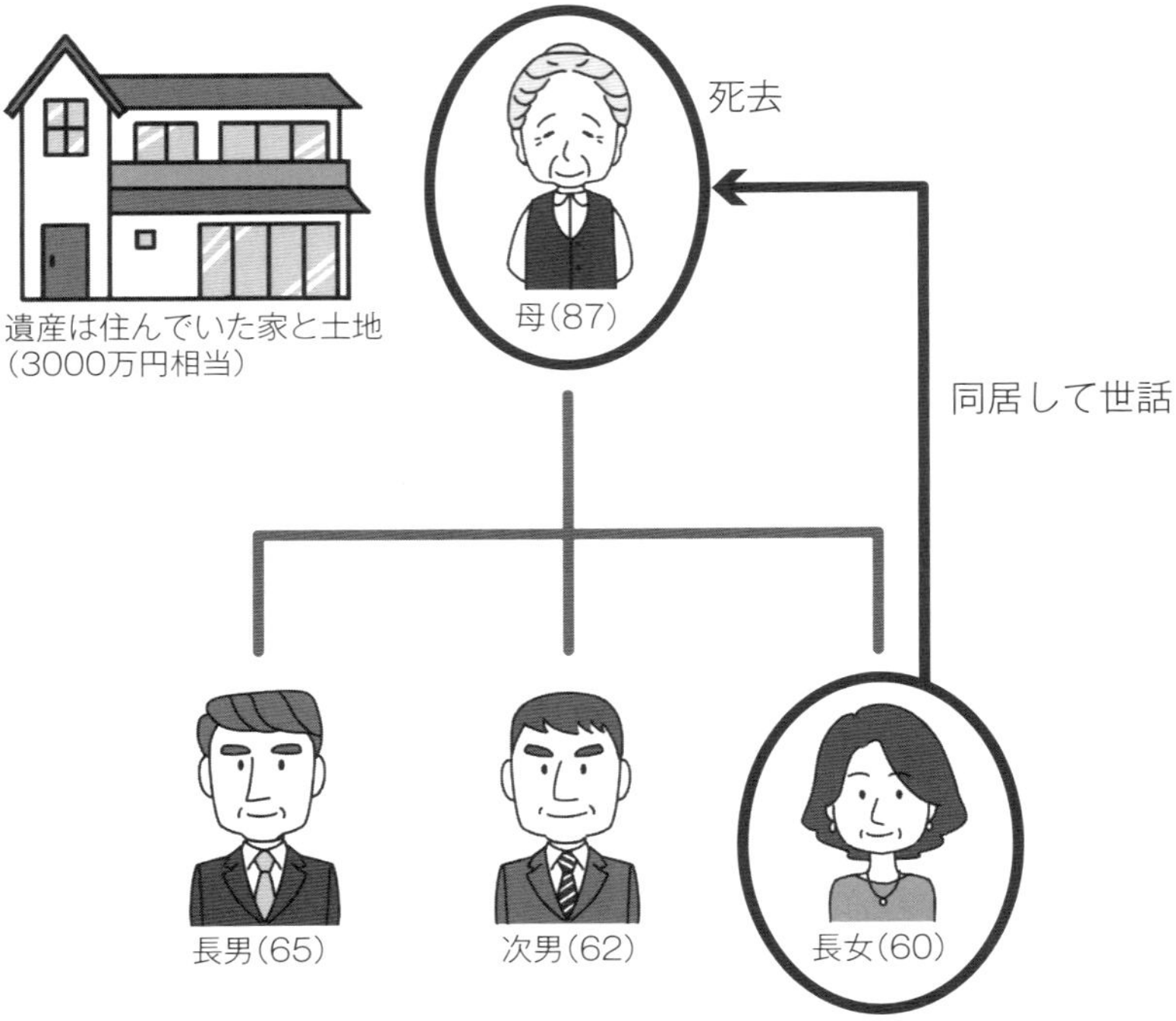

ところが、長女にしてみれば、遺産を３等分した１０００万円では、自分が住むために別の不動産を購入するのは難しい。年齢的に正規雇用での再就職はもうできないだろうし、ローンも組めないでしょう。賃貸住宅に入るにしても、年齢的なこともあり、不便な物件しか見つからないかもしれません。できることなら、今の家を処分せず住み続けたい。そして、財産を特別多く欲しいという気持ちではないけれど、仕事を辞めて自分ひとりで10年以上も両親の世話をし続けてきた分を考慮してくれてもいいんじゃないかという思いもあります。

これが、相続税とは関係なく起こる相続問題の典型的な例です。特別な資産家でもない家で起き、遺産の独り占めを目論《もくろ》む大悪人《だいあくにん》がいるわけでもありません。

不動産（特に建物）は分けることが難しい。そして、立場によってその価値もいろいろ変わってくる。だから、問題になりやすい。相続問題は他人事でなく、実はとても多くの人の身近なところにあるのです。

不動産は分けにくい だから問題になる

なぜ相続で不動産が問題になるのでしょうか。それは不動産というものが持つ次の３つの特徴によるものです。

①分けられない
②すぐに換金《かんきん》できない
③価値がわかりにくい

まず、最初の「**分けられない**」。

これは建物がわかりやすいでしょう。父の持ち家が遺産で、これを兄弟３人で分けようとしたとき、玄関は長男に、居間は次男に、ＬＤＫは三男に……、というわけにはいきません。

次に、**「すぐ換金できない」**。相続税は、相続の起こった日から10カ月以内に現金一括《いっかつ》で納付しなければなりません。タイムリミットが決められているのです。土地を売るにしても、隣《りん》地《ち》との境界がはっきりしていなければ、売ることもできません。隣地の所有者が協力的でなく、何カ月も測量や確認ができないという話はよくあります。

分筆《ぶんぴつ》（土地を分割して登記する）して一部分を売るにしても測量が必要です。そして、売却となれば通常は更地にする必要がありますから、建物も取り壊

建物は分けられない

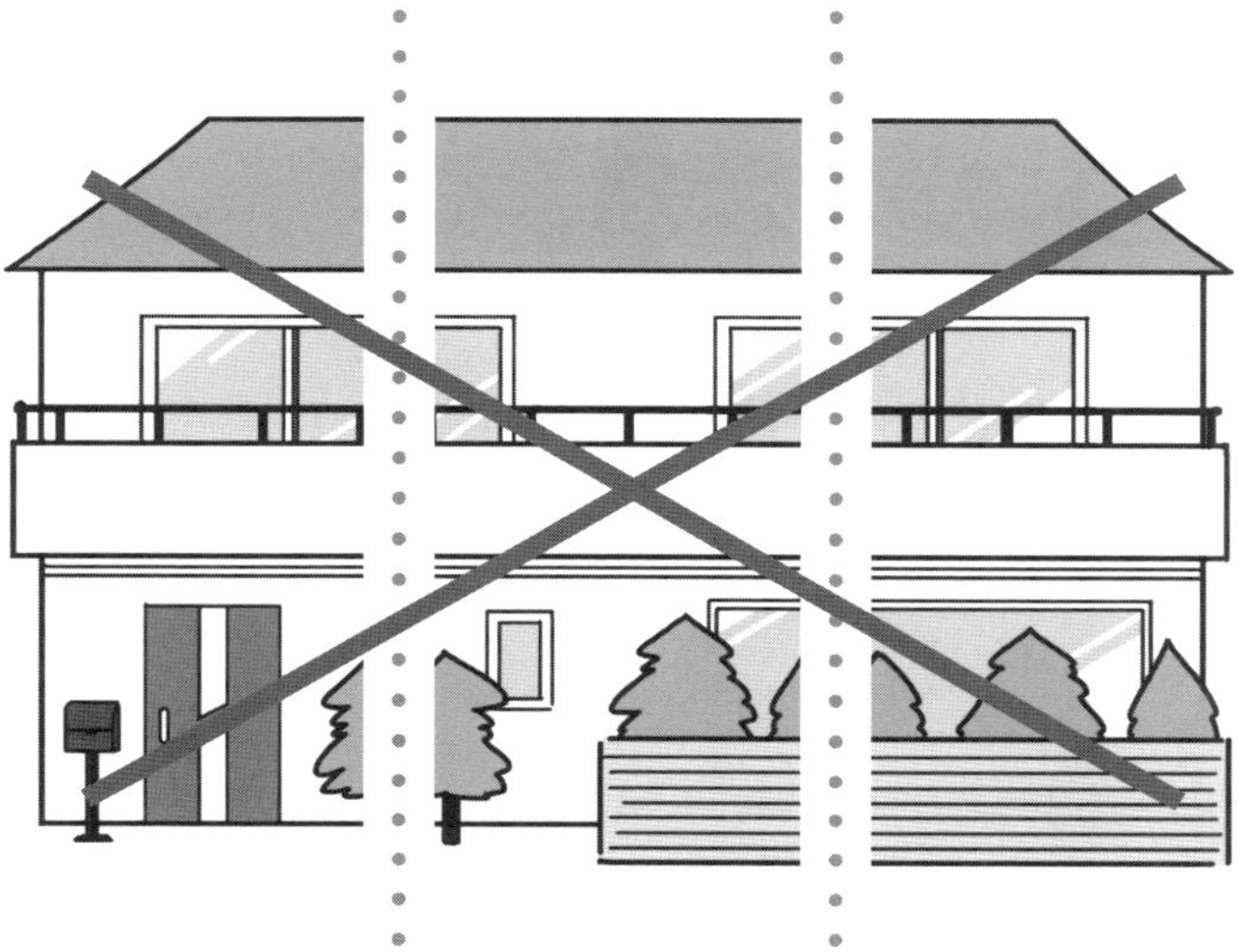

さねばなりません。それらをすべてクリアしたとして、近年では、その不動産に買い手が付くかという問題もあります。都市部ならいいのです。しかし今、地方の不動産は本当に売れない時代となりました。もし、売却できないまま相続税のタイムリミットである10カ月を越えて無申告《むしんこく》だった場合、最大25〜30%の重い延滞税《えんたいぜい》を課せられることになります。

「一物五価《いちぶつごか》」不動産は価値も比較しづらい

そして、三番目の「**価値がわかりにくい**」。

これが争いの原因になることも少なくありません。複数の兄弟で親の遺産を分けて相続した場合、自宅をもらった人、賃貸経営しているアパートをもらった人、農地をもらった人……。誰が得をして誰が損をしたか、とてもわかりづらいのです。

5億円で買ったビルを相続でもらうことができた。それで万々歳《ばんばんざい》かというと、この先、老朽化《ろうきゅうか》で年間数千万単位の補修が必要になる可能性もあります。

また、不動産には「一物五価」という言葉があります。

- **公示《こうじ》価格（国交省）**
- **路線《ろせん》価格（国税庁）**
- **固定資産税《こていしさんぜい》評価額（市区町村）**
- **基準地価《きじゅんちか》（都道府県）**
- **市場価格**

と5つの評価があるのです。

このうち、相続の手続きで使うのは路線価格と固定資産税評価額。さらに、相続人の間で遺産を分割するときは、市場価格ベースで調整することになります。

遺産を分けるとき、役所で使う数字を機械的に出して「この土地が3000万円の評価になっていて、こちらも3000万円だから同じ価値です」と言われても、納得できないことも往々《おうおう》にしてあります。それよりも、今、その不動産を換金したらいくらになるのか。その金額で比較して遺産を分割してほしいというのが一般的な感情だと思います。

例えば、場所としてはいい立地にある不動産でも、建物が老朽化していて、維持のための支出が多く必要なら、その分も加味して市場価値は安くなります。また、人に貸している（借地権《しゃくちけん》の付いている）土地も市場価格は低くなります。

借地権の付いた土地は評価額の４割程度（地区によって異なります）と扱《あつか》うことが決められています。評価額1億円の土地があり、これを人に貸している状態だと、国税庁はそれを４０００万円の財産と見ます。ところが、人に貸した状態のままでその土地を実際に売ろうとすると、値段は１０００万円というところでしょう。評価額と市場価値にズレがあるのです。

高級品のティーカップ&ソーサーと似ています。セットであれば1万円の値段がつくものでも、ソーサーだけ売りたいといってもなかなか買い取ってくれる人はいません。フリーマーケット等に出し、５００円や１０００円というバーゲンプライスだったら買ってもいいよと手を挙げる人が出てくるかもしれません。借地権が付いている土地は、そんなイメージです。

いずれにせよ、土地の価値を判断するには専門的な知識が必要で、それがわかりにくさの一因となっています。

売れない不動産は『負《ふ》』動産
お金を出して引き取ってもらう時代に

不動産の価値はわかりにくい。それも影響しているのでしょう。私が相続や不動産の相談を受ける中で、

「調べてはいないけど、自分の不動産には価値があるはず」

「土地が値下がり傾向なのは知っているが、買ったときに何千万もしたのだから、半額くらいでは売れるんじゃないの？」

というような思い込みをしている方が大変多いのです。はたしてそうでしょうか。本書を手に取った方には、まず現実に目を向けてほしいのです。

不動産の価値というものを考えるとき、現在の日本、そしてこれから人口減少が加速する日本の状況をきちんと踏まえる必要があります。土地自体は、なくなることのない確実な財産です。ただ、現在、それに利用価値があるのか、そして、その価値は客観的《きゃっかんてき》で、金銭に交換できるのかという視点《してん》が欠かせません。

実は今、日本には売れない不動産が急速に増加しています。その代表的なものが、地方の物件です。

私の携《たずさ》わった中に、長野県南部の市街地、JR駅から10分強、昭和50年築の住宅で土地は50坪という例がありました。一人暮らししていた母親が亡くなり、子どもたちは東京、大阪等で独立しているから、その家と土地を処分したいという要望でした。

不動産価格というのは、その土地の広さや利用価値に加え、周囲の売買事例を元にして決定されます。この長野県の件では、査定《さてい》にすごく苦労しました。というのも、周辺の不動産の売買事例が、最近はまったくなかったからです。駅からは遠くなく、周辺を見回しても市街地《しがいち》といっていい場所です。それなのに、もう不動産を買いたいという人がいなくなってるのです。実際、すでに空き家が増加している状況でした。

ひとまず500万円の値段をつけて売り出しましたが、買い手が現われません。300万に下げ、200万に下げ……。それでも売れないので、最終的には、隣の家の人に100万円を渡して引き取ってもらうことにしました。

お金を払って土地を引き取ってもらう時代に

長野県南部の市街地
駅から徒歩10分の住宅が売れず
隣家に100万円支払って引き取ってもらう

お金を払って土地を手放した方が長い目で見れば得な場合もある

この選択をしたのは、市街地ということもあり、それなりの固定資産税もかかるからです。この例では年3万円ほどでした。さらに住宅地ですから、庭を草ぼうぼうにしておけば近隣から苦情が出ます。定期的な管理が必要ですし、家が崩れれば隣近所への迷惑となりますから住んでいなくても修繕しなければなりません。固定資産税だけであれば33年間で約100万円という計算になりますが、草刈りを頼む費用や修繕費を含めれば、この不動産を持っていることで負担しなければならない金額は、10数年で100万円を越えるでしょう。これがマイナスの財産、すなわち『負』動産ということです。

日本の地方の現状と将来を考えれば、この土地がこの先、劇的《げきてき》に値上がりする見込みはありません。それならば、ずっと固定資産税や管理費用を支払い続けるよりも、今、100万円払って手放す方がトータルでは得になるという考え方です。

もちろん、まったく同じ条件の土地でも、実際に住んでいたり、そこで商売をしていれば話は別です。経済用語で『効用《こうよう》価《か》値《ち》』といいますが、他人から見たらあまり価値のない土地でも、今、現実に住んでいるのであれば、その人にとってはかけがえのない価値があるのです。でも、空き家になってしまった実家の土地や不動産であれば、早めに処分した方が良いケースが多いのです。

ただ持っているだけの地方の不動産は、資産というよりも負債になりつつあるのです。

空き家になった実家　どちらを選択するか

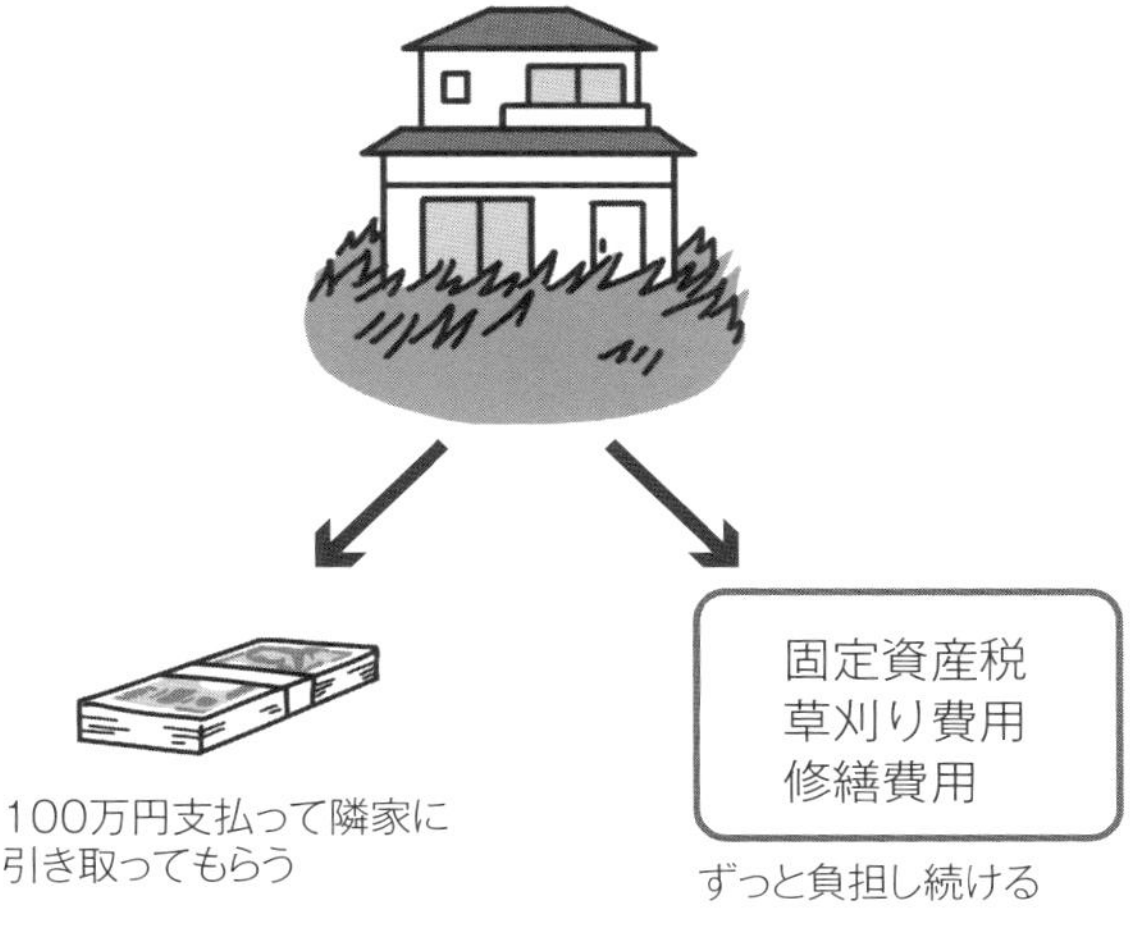

もう不動産は
プラスの資産ではない時代に

自分が（あるいは親が）持っている不動産。これはプラスの「財産」なのだろうか――。

そう疑問を持つことが必要です。

ここまで紹介してきたように、日本全国で見れば、不動産は原則マイナスの財産であるという時代になってきました。もう発想の転換をして、不動産というものは一部の例外だけがプラスの財産であると考えるべきなのです。

都心などを中心に、今でもきちんと収益の上がる不動産はあります。しかし、日本全体で見れば本当に一部です。地方だとしても、中心都市の主要駅そばの賃貸需要の多い場所であれば、かろうじてプラスの財産といえるでしょう。しかし、それ以外の不動産はマイナスの資産なのです。昭和の時代であれば、土地の価格は10年で倍になっていましたから、年配の方は「土地さえあれば困らないだろう」、「なにかあったらこの土地を売りなさい……」という考えをずっと引きずっている方が少なくありません。残念ながら、現在はそういう時代ではなくなってしまいました。

もう少し下の世代、すなわち相続財産を受け取る側の世代は、さすがにそこまで不動産に幻想《げんそう》を抱《いだ》いている人は多くありません。「その不動産、親父は数千万円で買ったというけど、今はそんな値段じゃ売れないよ」という認識はあるものの、そこで思考停止している人がほとんどです。漠《ばく》

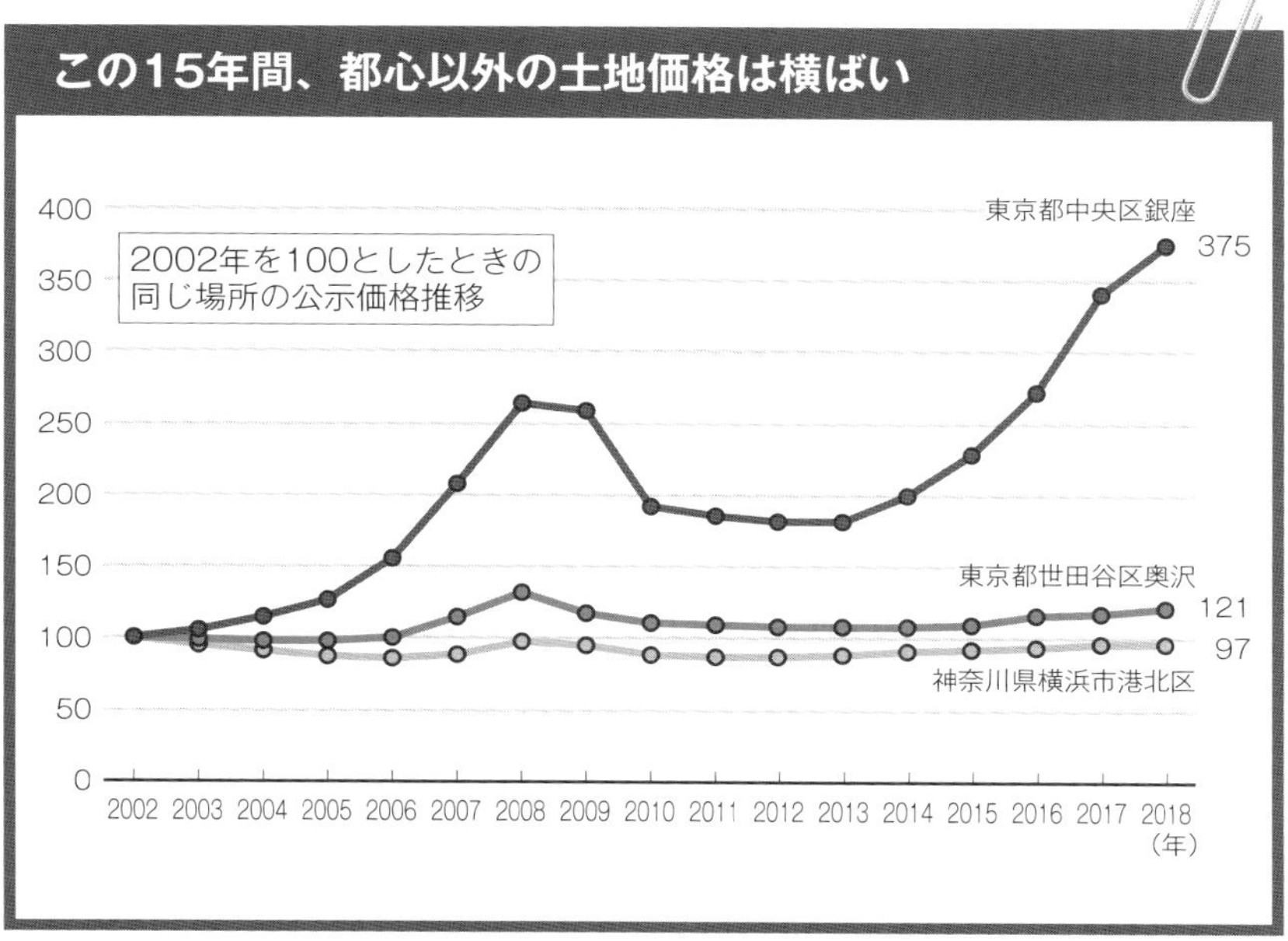

然《ぜん》と、「売れないなら貸したり、駐車場にしたりすればいいじゃない」と呑気《のんき》に構えていたりします。現実は、売れない不動産は、ほとんどの場合、借り手もいない物件なのです。

やはり、不動産は原則的にマイナスの財産。そういう認識を早めに持っておくべきです。

「不動産は値上がりするもの」というのは過去の話

東京の近郊《きんこう》地区でも不動産は売れなくなり始めている

先ほど、例として長野県での話を紹介しましたが、では、大都市圏の不動産ならば安心なのかというと、そうも言えません。郊外では今、地方と同様に空き家が急増しています。実際の例を紹介していきましょう。

埼玉県東部の住宅地、駅まで車で15分、都心まで電車で40分強という場所の物件がありました。昭和61年築の家で、査定の結果、最初は８００万円で売り出したのですが、買い手が現れません。どんどん売値を下げていって、「１００万円なら……」と隣に住んでいる大工《だいく》さんが買ってくれました。自分で直して使うそうです。

また、千葉県北西部、都心まで電車で1時間の所の物件もありました。平成2年築で大きな補修が必要なく普通に使える家でしたが、売れたのは３００万円でした。約４０００万円で購入したとのことですが、現在ではこのくらいの値段です。

さらに、神奈川県の三浦半島東部。海に近いきれいな分譲地《ぶんじょうち》で、駅まで10分、電

東京近郊でも不動産は売れない時代に

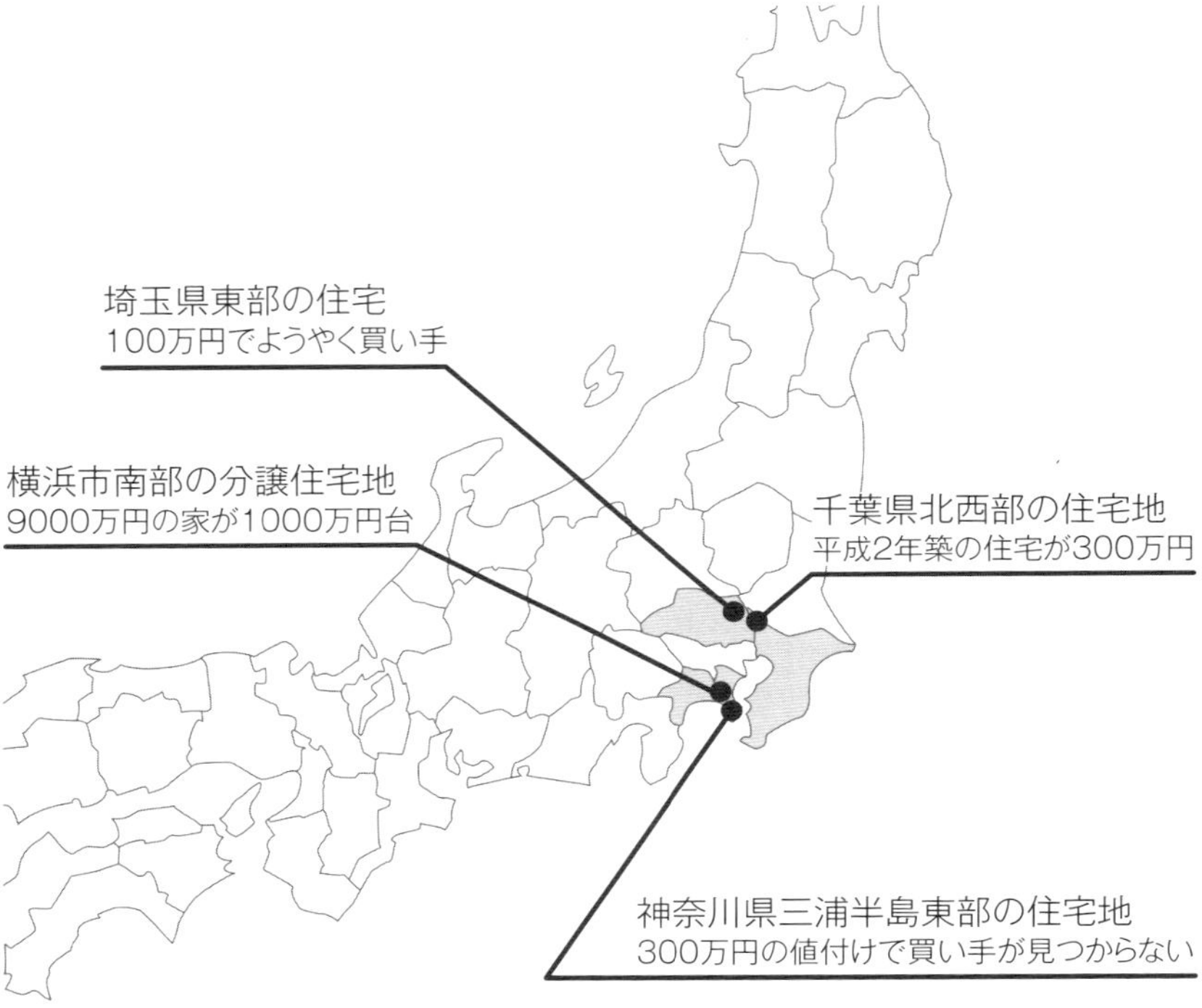
埼玉県東部の住宅
100万円でようやく買い手
横浜市南部の分譲住宅地
9000万円の家が1000万円台
千葉県北西部の住宅地
平成2年築の住宅が300万円
神奈川県三浦半島東部の住宅地
300万円の値付けで買い手が見つからない

車で都心まで1時間程度。十分に東京への通勤圏内《けんない》の場所ですが、300万円でも家が売れません。住宅地の周囲を見回すと、やはり、かなり空き家が増えてきています。

もうひとつの例では、横浜市南部の大手デベロッパーの手がけた住宅分譲地。JR線の駅から車で10分のきれいな住宅地です。それでも、新築時9000万円だった土地付き住宅が、今、売るとなると2000万円を切っています。そこは住宅地の中心にスーパーがあったのですが、人口が減るとともに撤退《てったい》してコンビニになり、そのコンビニも撤退して、今は日常の買い物にも苦労するという状態です。家を買う層というのは30代、40代の子育て世代が中心。買い物が不便で乳幼児施設や保育園もないような場所では、人気が出るはずもありません。

ここは横浜市ということで、今でもまだ1000万円台の値段が付きます。でも、あと10年もすれば売れなくなる可能性が高いでしょう。もっと市の中心に近いところや、東京に近い地域の不動産が買いやすい値段になるはずですから。

神奈川、千葉、埼玉……。いずれも「地方」とはいえない東京近郊の地域です。昭和の時代はベッドタウンとして発展してきた街ですが、現在では、地域によって中古住宅を売るのも難しくなってきました。不動産は「売れない」時代に足を踏み入れているのです。

このように、不動産というものは『その地域の現在』が反映される特徴を持っています。だからこそ、不動産そのものに精通し、その地域相場《そうば》の情報ネットワークを持つ人間でないと的確な助言ができないのです。

東京の税理士に相続税の相談を持ちかけ、

「こんど、長野の不動産を相続するんだけど……」

と話しても、不動産に精通《せいつう》していないためにどのくらい価値があるのかをきちんと判断できず、ベストなアドバイスが受けられないケースも少なくありません。

遺産相続で問題になるのは不動産であること、そして、その不動産をどう扱うかが相続対策の中心となってくることがわかっていただけると思います。

財産の「見える化」をしておけば相続の不公平感は減る

相続のトラブルで多くを占めるのは、自分のもらえる遺産が多いか少ないか、を巡《めぐ》る争いです。これを予防するための一つの方法が、事前に財産の価値を「見える化」して数字にしておくことです。

世間でよく見かける相続対策というと、現金の生前贈与《せいぜんぞうよ》、生命保険への加入、何千万円借金してアパートを建てよ……というような『節税テクニック』ばかりが一人歩きしていないでしょうか。

そんなことではなく、いざという時が来たら、遺《のこ》された家族が揉《も》めないようにしっかり準備しておく。それこそがいちばん大事な相続対策なのです。つまり、相続の第一歩として、まずは財産の一つひとつを、何がプラスで、何がマイナスか分類することから始めるのが重要です。

現金や有価証券は比較的簡単に数字化できます。生命保険は少し面倒な部分もありますが、今現在加入している保険で支払われる金額は見積もることができるでしょう。やはり、ここでも問題になるのが不動産です。一般の方が不動産の価値まで試算するのは困難ですから、それは、おいおい専門家に任《まか》せることにします。まず、持っている不動産の「棚卸《たなおろ》し」をしてほしいのです。

そのためには、不動産の三分法《さんぶんぽう》という考え方があります。保有する不動産を

①死守《ししゅ》すべき不動産
②活用すべき不動産
③換金《かんきん》すべき不動産

この3つに分ける方法です。

最初の「**死守すべき不動産**」というのは、まず現在住んでいる家。そして、生活のための収入を生み出している土地です。不動産自体の価値とは別に、農業ならば農地、商店ならば店のように、生活するために必要な不動産を指します。

次の「**活用すべき不動産**」は、繁華街《はんかがい》の一等地のように、売ることもできるけれど、何かを経営したり人に貸したりすることで収益が上がる不動産です。

最後の「**換金すべき不動産**」は、持ち続けてもプラスにならない不動産です。借地権の付いた土地のように相続税において不利であるもの、また、時価（実勢《じっせい》価格）に対して固定資産税が割高であるなどです。地方の宅地なども、ほとんどがここに入るでしょう。持ち続けるよりも、長期的に見れば早期の処分も検討した方がよい不動産です。

不動産の三分法
保有している不動産を3つに分類して整理

①死守すべき不動産
現在住んでいる家や主な収入に不可欠な土地・建物（農地、商店）

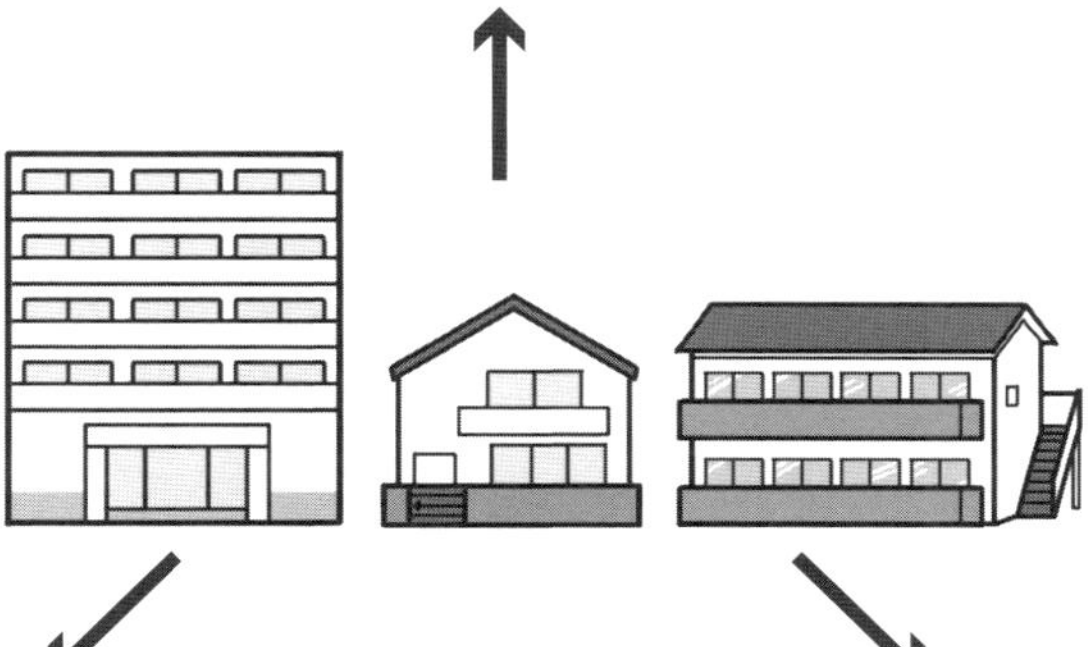

②活用すべき不動産
繁華街の一等地など、人に貸したり何かを経営すると高収益が見込める

③換金すべき不動産
持ち続けてもプラスにならない不動産（借地権付きの土地、地方の不動産）

どの財産を残し
どの財産を手放すべきか

まずは、手持ちの不動産を3つのうちのどこに入るか色分けすること、それが保有不動産の棚卸《たなおろ》しであり、相続対策の第一歩です。その上で不動産の価値がわかる専門家に相談すれば、

「この土地の価値は○千万円ですから、相続税はこのくらいかかります。納税資金が足りないようでしたら、こちらの不動産を処分しましょう」

などと、話が的確に運びます。

ただし、相続にそれほど詳しくない不動産業者には注意が必要です。漠然《ばくぜん》と「相続税のために土地を処分したい」と伝えた場合、②の「活用すべき不動産」を売ろうとするケースが多いのです。保有不動産のなかでいちばん高く売れるわけですから、業者としても売り甲斐《がい》があります。

でも、将来にわたっても収益が上がる不動産なので、今手放してしまってはもっ

たいないのです。相続税のことを考えるなら、まず③の「換金すべき不動産」を売って相続税を減らしてから、「活用すべき不動産」を売却しなければならないか検討すべきなのです。

これからの時代、昭和の高度成長期に大都市圏の家を買い、そこで暮らしていた両親が亡くなり、土地と家が相続財産として子どもに遺《のこ》されるというケースが急速に増加してくるでしょう。

繰り返しになりますが、売りたくても不動産に値段がつかない、買い手が現れないという問題。すなわち、負動産化《ふどうさんか》。かつては地方の問題でしたが、すでに東京近郊にも及《およ》んでいます。少し前の時代の感覚では通勤圏といえる場所でも、住宅地では空き家が増え始め、売ろうとしても買い手がいないという状況が現実となっています。つまり、相続対策を考えていて、大都市郊外にまだ値段のつく不動産をお持ちの方は、売れるうちに売っておいた方がいいという考え方もできるのです。

どの不動産を残して、どの不動産を手放すべきか。その有力な指針となるのが、不動産の三分法という考え方なのです。

マイナスの財産も必ず受け継《つ》がなければならないのか？

財産というとプラスのものであるイメージが強いのですが、実はマイナスの財産もあるということ、それは不動産であることに気付いてほしいのです。

これが借金であれば、誰もがマイナスの財産であるとわかります。ところが、不動産の場合は、マイナスの財産であるということを認識しにくいところが問題になっています。

ところで、あなたが相続で価値のない不動産、あるいはマイナス価値の不動産を受け継ぐことになったとき、それをもらわないという選択はできると思いますか？

相続放棄という規定があります。言葉としては聞いたことがある方も多いでしょう。この相続放棄は、相続人になること自体を放棄《ほうき》するという宣言です。つまり、借金も、価値のない不動産も受け取らなくていいかわりに、他の遺産も一切受け継ぐ権利がなくなります。

相続人があなた1人で、遺産が現金500万円と価値マイナスの不動産だった場合、「500万円は受け取るけど、不動産は放棄したい」ということはできません。

ただ現実として、その不動産というのが周囲に家もまったくない原野《げんや》で、固定資産税もかかっていないような状況であれば、相続としては受け取るけれど、手続きとして相続登記はしませんという人もいるようです。周辺住民がいなければ、草ぼうぼうにしておいてもどこからも文句が出ませんから。これが住宅地の中だったら、建物の老朽化で周囲に危険が及んだり、草や木やそこに入り込んだ生き物の問題が近隣の迷惑になります。これが今、社会問題になりつつあります。

マイナス価値の遺産だけ受け取らないということはできない

受け継ぎ手のいない空き家問題は社会的な課題

これから日本では高齢化社会がますます進み、受け継ぎたくない不動産もさらに増加してくるでしょう。そのあたりは、社会全体で取り組まなければならない課題になってきています。

難しい問題ではありますが、解決策のヒントとしては、広島県尾道市の取り組みが参考になるかもしれません。

ここでは行政のバックアップにより、空き家を再利用して移住者に貸したり、リノベーションして商店にしたりと古い住宅の活用を進めています。地元の民間団体と行政が協働でプロジェクトを組んで実行し、今では、観光資源のひとつとなり、さらには若い移住者を引きつける要素にもなっています。

昔は、不動産の需要というのは、住宅、店舗、事務所のほぼ3つしかありませんでした。それが今は時代が変わり、さまざまな貸し方が登場してきました。

例えば、近年広がりつつある「民泊」。もちろん、何も観光資源がない所で突然、民泊だけを始めても宿泊客が来るはずもありません。でも、最近では、農業体験が中国からの観光客に人気だったり、東南アジアのテレビで紹介された場所に突然、観光客が増えたりと、既存の観光とは違う形の「目的地」も出現してきました。

地方の不動産も、アイディア次第で新たな需要を掘り起こし、観光客とマッチングできる日が来るかもしれません。

地方の空き家を活用するアイディアが求められている

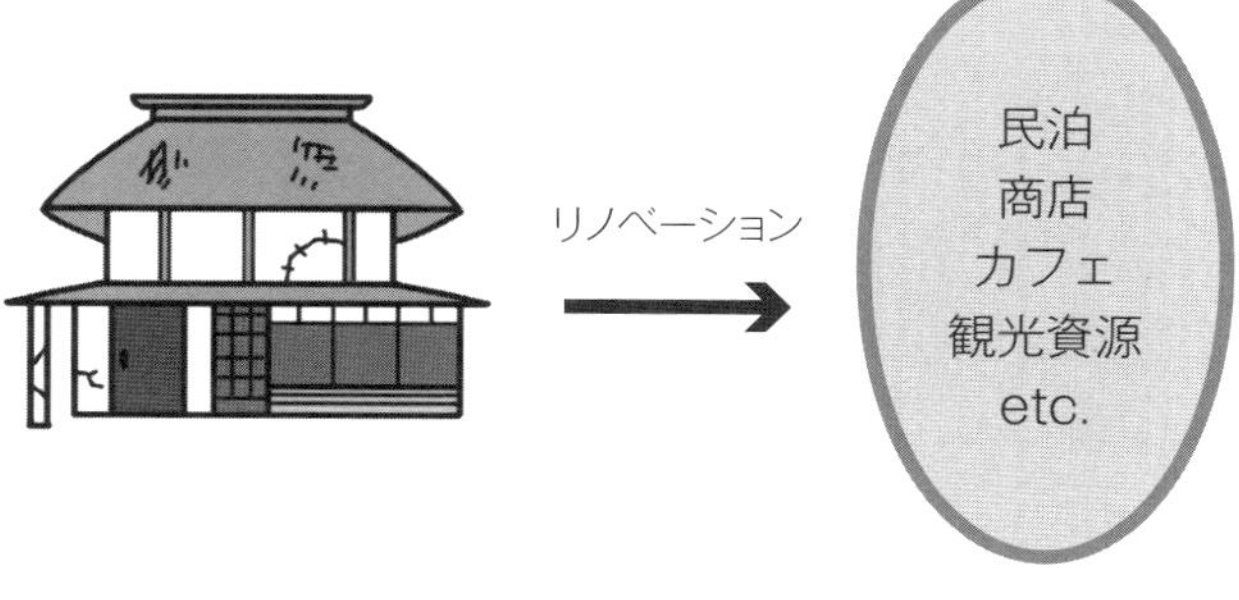

第2章

心がものに変わるとき。それが相続

相続の本質とは
富の継承《けいしょう》なのだろうか

相続ってなんだろう。

故人の富を受け継ぐこと――。それはひとつの答えではあります。また、法律で決められた定義や用語で説明することもできるでしょう。

でも、私がさまざまな相続に携わってきて、相続とは、資産、すなわちお金を受け継ぐことのように見えて、実は「心」を継承する儀式なのではないかという思いが強くなってきています。

ひとつ、象徴的な事例がありました。山手線の駅から徒歩数分のところに1500㎡の土地を持っているお客様がいらっしゃいました。そんな好立地なのに、今はビルが建っているわけでもなく、広い敷地の中に小さな家を2棟建てて自分たちが住んでいるだけ。あとは木が生えているのです。外から見たら、まるで森のようです。

この不動産の相続対策は、どうすべきか……。いろいろなやり方があります。われわれがまず提案するのは、経済合理性に基づく方法ということになります。すなわち、相続が起こった後、金銭換算でできるだけ多くなるように財産を残すという考え方です。

1つめの案は、その土地をそのまま売ってしまうことです。いわゆる旗竿地《はたざおち》でしたが、好立地で通路も広いので、一戸建分譲《ぶんじょう》業者に話せば4～5億円で買ってもらえるでしょう。

2つめの案は、道路側の隣接した土地を時価の倍額で買い取り、自分の土地と合わせて大きな正方形の土地として売ることです。そうすると、10億円程度で売ることができます。土地の価格は面積や利便性《りべんせい》だけで決まるのではなく、地形などの有用性で価値がアップします。道路に面した大きな土地ならマンションなども建てやすいですから、たとえ隣接地を時価の倍額で買ったとしても、トータルでは1つめの案よりも多くの金額が手元に残るのです。都内の土地は、今は地価が上がっているとはいえ、長い目で見れば下がっていくのが目に見えていますから、隣接地の所有者も時価の倍であれば手放したほうがはるかに得です。これが、相続後もいちばん多くの財産を手元に残せる方法になるでしょう。

多く遺産を残せる方法を選ばなかった事例《じれい》に学ぶ

この2つの相続対策を提案したのですが、このお客様の希望は、住んでいる土地と家を処分せず、その森の中の家にずっと住み続けたいということでした。2番目の案であれば、4億円程度の遺産を残すことができます。それに対し、希望通り相続が発生するまで住み続けると、残る財産は1億5000万円程度ということになります。

でも、最終的にはそれはお客様の気持ち次第なのです。とはいえ、ここまで金額が違ってくると、私としても相続税対策とは何なのだろうと考えさせられてしまいました。そして、これが相続というものの本質ではないだろうか。そう学ばせていただいた出来事でした。

人によってさまざまな思いがあり、形があり、ドラマがある。それが相続なのです。

経済合理性を最優先しなかった相続対策

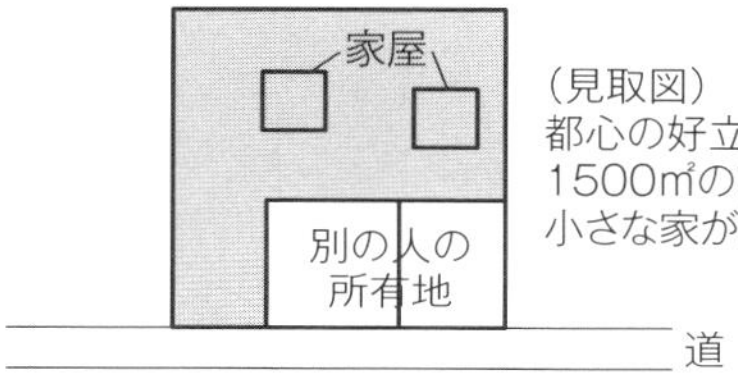

（見取図）
都心の好立地、
1500㎡の敷地内に
小さな家が2軒

提案①　土地をそのまま売却する
→　4～5億円で売れる

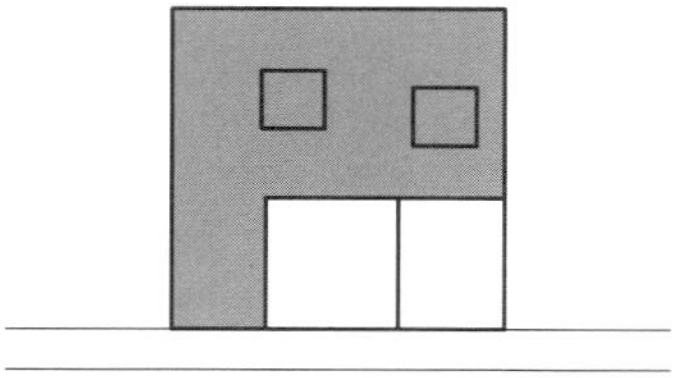

提案②　隣接地を時価の倍で買い取って合わせて売却
→　10億円で売れる

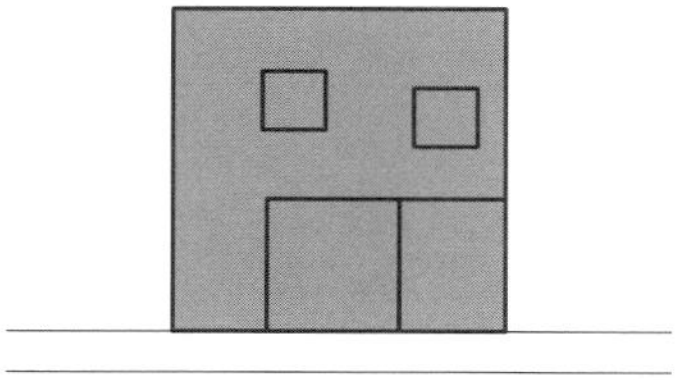

お客様の決定
相続で財産が減るとしてもやはりここに住み続けたい

少し堅《かた》い言葉を使いますが、われわれの属している資本主義社会は、『経済合理性』の追求を原則として動いています。経済合理性とは何かというと、簡単に言えば、お金に換算したときに多い方、得をする方を選ぶべきだという考え方です。

ところが、相続の仕事に携わっていると、「実は、お客様は経済合理性に基づかない決着を望んでいたんだ」と思わせられることが少なくありません。

相続のアドバイスをするとき、まずは「こうすれば、税金の支払いが少なく、もっとも多くの遺産を残せますよ」という案から提示するのが一般的です。しかし、お話をうかがっていく中で、お客様の価値観はそこにはなかったということもあります。経済合理性が第一というわけではないのです。それに気付き、少し驚かされることもありました。

『気持ち』を『お金』に換《か》えるのが相続

いくつもの相続の事例に携わっていて気付いたことがあります。

相続が始まると、兄弟姉妹の関係が少し変わっていくのです。これは、映画やドラマでもよくあるように遺産の多い少ないを巡って、露骨《ろこつ》に争いが始まるというのとは少し違うのです。

親が健在《けんざい》なときは、親の存在を中心に兄弟姉妹の良好な関係が成立しています。例えば、親と子どもたち（長男、次男、妹）が集まって、相続のときに「この土地は、どうしようか」

という話をすれば、

「そういえばここで○○をしたねえ。懐《なつ》かしいね」

などの会話も生まれ、子どもたちはそれぞれ親の気持ちを感じながら、昔を懐かしむ気持ちで一つになります。

自分が生まれ育った思い出——現在に至《いた》るアイデンティティの源とでも言いましょうか。普段はまったく意識していなくても、親という存在を通じて、そういう気持ちの共有が兄弟姉妹間に存在しているのです。

ところが、親が亡くなってしまうと、兄弟姉妹は、純粋な並列関係になります。兄は、「かけがえのない思い出がつまった場所」だと感じていても、妹はもう、「懐《なつ》かしいけれど換金価値のある土地だ」と思い始めていたりするかもしれません。それぞれ独立して離れて住んでいれば、各々《おのおの》の配偶者や家族の意見に影響も受けます。その土地の思い出は薄れていくこともあるでしょう。

たとえば、次男の奥さんは、「この先、子どもの教育資金が厳しいのよ。さっさと売ってしまって、現金をもらえるなら助かる」と迫《せま》るかもしれません。親が健在のときは、「そうは言っても母さんが……」と説得にまわる次男も、亡くなった後なら、「そうだな」と意見を変える可能性もあるでしょう。

こういうことから「気持ちをお金に換える」という相続特有の難しさが生じてくるのです。

相続は事前《じぜん》の対策が9割以上
家族で気持ちを共有《きょうゆう》しておくことが大切

そして、実際に相続が発生してから、そのように兄弟間で意見が合わないという相談を受けても、残念ながら画期的《かっきてき》な解決方法はありません。

「相続は事前9割、事後1割」

私がセミナーなどで話をさせていただくとき、そんな言葉を使います。は、聞き手のみなさんへの伝わりやすさに重きを置いた表現。実際に相続が発生した『事後《じご》』にできる対策は、1割もないというのが正直なところです。

事前であれば、遺言書で誰に何を相続させるか指定することもできますし、あらかじめ土地を最適な方法で処分して財産を分割しやすくする方法もとれます。相続は事前対策こそが、もっとも大事なのです。

相続とは、懐かしさや思い出、家族の和……、そういった『気持ち』が各々の心の中でどこまで残っているのか。その度合いが突きつけられるものでもあります。

兄弟姉妹は無意識でも親を中心とした関係性となっている

家族の中でそこにズレや差があると、相続トラブルが発生しやすいということです。自分が死んだ後も家族が争うことなく良い関係でいてほしい。誰もが持つ気持ちでしょう。それなら、その思いを心の中だけにとどめず、事前に何度でも家族会議を開いてほしいのです。

「同居していた長男夫婦には本当に世話になったから、家と土地は長男のもの。次男にはそれで納得してもらいたい」

などと話し合い、説得するのが第一の相続対策ということになります。そして、その気持ちは文字にして遺言書を作る必要があります。

しかし、遺言書をただ作っておけばいいというものではなく、法律上は遺留分《いりゅうぶん》というものがあり、次男はある程度の遺産を受け取る権利があります。となると、将来、遺産を巡るトラブルが起こる可能性がゼロではありません。できる限り現金や生命保険などで次男の遺留分に充《あ》てる資産を用意しておくことも必要なのです。

遺産の分け方は事前に確定することができない

　相続人が集まって遺産の分け方を話し合い、全員が合意したことを記録した文書を遺産分割協議書《いさんぶんかつきょうぎしょ》といいます。

　これは法的に効力を持つものです。この遺産分割協議書ですが、相続が発生する前、すなわち被《ひ》相続人（相続される人）が生きている間は作れないのです。いや、家族の間で文書を作るのは自由ですが、生前に作ったその文書は、遺産分割協議書として法的に有効でないのです。

　ですから、事前の家族会議で息子のひとりが、

「おれは相続財産はいらないよ」

と言ったとしても、実際に相続が発生すれば、法律で定められた分を請求する権利は残ります。そして、その権利を主張する人もいれば、しない人もいます。あなたの家族が争ったりせずに、幸せに付き合ってほしいと願っているのであれば、事前

父が死去し、相続人が長男と次男だけの場合の遺産分割

①遺言書がない場合は法定相続分で分ける

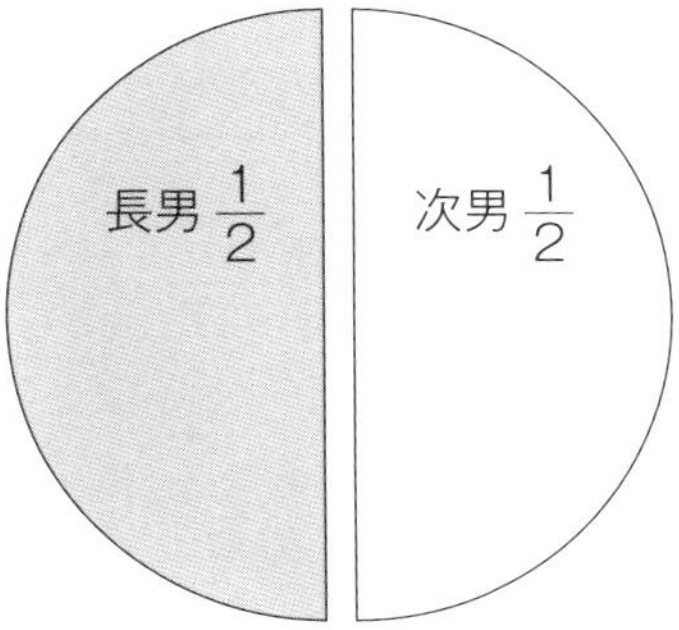

②遺言書で「すべての財産を長男へ」と書いても、
次男に遺留分の権利が残る

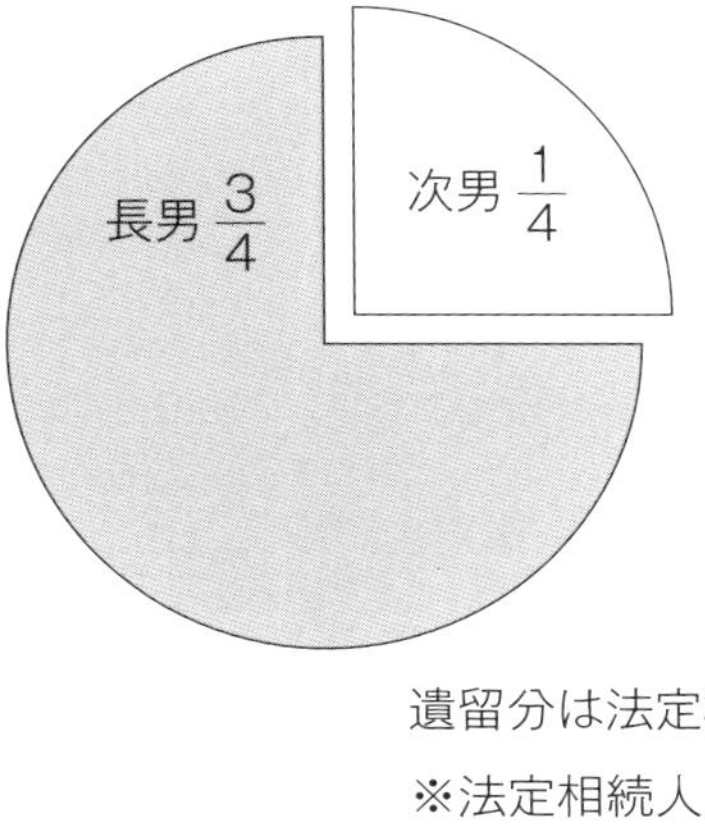

遺留分は法定相続分の $\frac{1}{2}$

※法定相続人が
親だけの場合は $\frac{1}{3}$

にその部分の準備をしておくことが大事になってきます。

例えば、兄と弟の2人兄弟。母は先に亡くなり、長男夫婦が父と同居で世話をしていました。この父が亡くなった場合、民法で定められた遺産の分け方は兄に2分の1、弟に2分の1です。父が遺言書を作っていなければ、この割合で遺産を分けることになります（もちろん、当事者である兄と弟が合意すれば、偏《かたよ》った分け方にすることもできます）。

一方、兄は同居で長く世話をしてくれたけれど、弟は若いうちに家を飛び出して滅多に顔も見せなかったから、遺産をすべて兄に残したいと考え、父が遺言書にそう書いたとします。この願いが叶えられるかというと、難しいかもしれません。

相続人には「遺留分」というものが認められていて、遺言書の指示にかかわらず、法定相続分（今回の例では全遺産の2分の1）の半分をもらう権利があるのです。つまり、父が遺産を相続させたくないと思っていても、弟には遺産の4分の1をもらう権利が残るということです。

ですから、土地と家が主な遺産で、それを長男だけに相続させたいのなら、次男には、総遺産の4分の1相当の現金等を相続させるというのが、ひとつの目安になります。ただ現実には、事前に兄弟2人を交えた話し合いをして遺言書を作って遺産の4分の1を相続させたのに、それでも次男側が「少ししかもらっていない。不公平だ」と言い出してトラブルになることもあります。それが相続というものの難しさ、そして人の心の難しさなのです。

遺言書にも気持ちを書いておくことが大事

遺言書には、付言事項《ふげんじこう》という部分があります。これは遺産の分け方を記す部分とは別に、どうしてこのような遺産の遺《のこ》し方をするか等、「気持ち」を書いておくところです。

代表的な例が

「長男は○○年に渡って同居で介護をしてくれて、大変感謝している。だから自分の死後もこの家に住んでほしい」

といった感じです。

付言事項に法的効力は何もないのですが、このように自分の言葉で気持ちを残しておくと、相続を受ける側も納得しやすいのです。これは私たちアドバイザー側が「こう書いてください」と指示するものではなく、家族に対する本当の気持ちを残してもらいます。

なかには、

「親として大したことはできなかったけれど、子どもたちみんな立派に育ってくれて本当にうれしく思う。結婚して、子育てもきちんとやっているお前たちを見ると涙が出てくる……」

というような、第三者である私たちも目頭《めがしら》が熱くなるような文章に出会うこともあります。もちろん、遺言書では、実際に法的効力をもつ遺産の分け方の記述がメインではあるのですが、相続は家族の大きなイベントなのですから、そうして自分の本当の思いを残しておくことも大事なことなのです。

遺産に込められていた「心」が「もの」に換《か》わるとき

現代は、昔と比べて家族のつながりが薄い時代になったといわれます。それでも、親が生きているときは、やはり兄弟姉妹間に親が中心となった関係性が存在しているのです。

現実の言葉や態度では、子どもたち個々が好き勝手に振《ふ》る舞《ま》っていたとしても、意識のどこかでは、中心に親という存在があるものです。でも、親が亡くなってしまうと、相互の求心的な部分が消え、各自が対等に自分の主張をぶつけ合ってしまう……。

自分の死後とはいえ、子どもたちに、そういう争いをさせたいと思う親はあまりいないでしょう。それならば、生きているうちにできるだけ話し合って、遺言書を作成しておくべきなのです。自分と家族の財産が、亡くなった瞬間に単なる『もの』に換わってその取り合いになるのか、それとも、心と思い出の残る遺産として幸せに受け継がれるのか――。
相続とは、その分岐点《ぶんき》にあるものなのです。

子ども2人はすでに独立していて、実家で親が暮らしていたけれど、亡くなった。実家の立地が悪くないので、兄はできれば実家をもらって引っ越したいと考えている。弟の方は、家は欲しくないけれども不動産以外の遺産をもらうだけでは不公平だと思い、実家を売却して遺産を分けるべきだと考えている。

高度経済成長期に拡大した大都市近郊のベッドタウンで、今後、こんなケースが急増してくるでしょう。これは、遺産の一部にあったはずの『心』がもう『もの』にしか見えなくなってしまった例だといえます。

理想論かもしれませんが、
「わかった。家族の思い出のある家を兄貴が守ってくれるんだね」
などと譲《ゆず》る。経済的価値とはまた異なる、心の価値を追求するという、家族の関係性の中での相続が、もう少し注目されてもいいのではないかと思うのです。

相続対策をきちんとする それは、子育ての集大成《しゅうたいせい》

自分は死んでいなくなってしまうんだから、その後の相続のことなんて知らない。兄弟げんかが起こるなら、けんかで決めればいい――という方。まれにいらっしゃいます。また、遺《のこ》したお金で自分の銅像を造ってくれないかと言う方もいました。

たしかに、資産を後に遺さず、好きなところへ旅行をしたり、好きなことをして自分のために使い切ってしまえば、遺産を巡る争いは起きません。ある意味で究極の相続対策といえます。でも、そういう考えの方は本当に少数派です。やはりみなさん、家族というものを大事に思っている方が多いのです。

いろいろな人に、相続対策を始めた方が良いと思い始めた理由をたずねてみると、遺すことになる妻や子どもたちの生活を考えてという答えはそれほど多くありません。これは、相続対策を考え始めるのがある程度の年齢に達してからということも関係しているのでしょう。

それよりも、遺産争いなど起こらず、家族円満であってほしいという気持ちからという人が多いのです。

子どもたちが争いなく幸せであってほしい。それは、共通した親の願いでしょう。

親からしてみれば相続は、「子育ての集大成」であるのです。家族という枠組における、最後の大仕事というわけです。

相続は子育ての集大成。できるだけ家族で話を

相続は財産の奪い合いでなく、家族の思い出や幸せを分け合うイベントにしたい

相続とは「幸せ」を分け合い継承《けいしょう》する儀式《ぎしき》なのかもしれない

私が講演やセミナーで相続の話をするとき、「相続対策をしないとこんな不幸なことが待っていますよ」と不安を煽《あお》る方向の話をしても、聞いている人は、なかなか実際に行動を起こすまで至らないのです。ところが、「今あなたが対策に動くと、残されたご家族はこんな幸せな状態のまま過ごせるのです」という言い方にすると、多くの人が「動き出さなければ」と感じてくれます。

相続は、土地や家やお金といった富・財産の受け渡しであるのは事実です。しかし、これまで数多くの相続に携わってきて、相続とは『幸せの継承』なのではないかという思いが強くなっています。

われわれが現在、暮らしているのは資本主義社会。ここでは世界中のお金の総量が決まっていて、それをみんなで奪い合っている社会です。儲ける人がいれば、その分、損をする人もいる。その中でどうやって多く確保するか、陣取り合戦のようなものだという考え方があります。

しかしながら、お金があればあるほど幸せも増えるのか、お金と幸せの量は比例するのかというと、必ずしもそうとは言えません。反対に、生き方や考え方を変えてみたら、意外と幸せを感じられたということもあります。

世界中で幸せな気持ちの総量は決まっていないのです。視点を変え、社会における幸せの総量を増やしていくことができれば、みんな少しずつ幸せを増やすことができます。

同じように相続も、財産の奪い合いでなく、家族の幸せを分け合い、継承する儀式である。そんな考え方もできると思うのです。

世界の富の総量は決まっている？

資本主義では、世界の富の総量は決まっていて、
その争奪戦をしているという考え方がある

「もの」より「心」を分け合う相続そんな考え方もある

私がこれまで見てきた相続でも、人は必ずしも経済合理性を追求していないのだなと感じさせられる事例がいくつもありました。

親が高齢になり、勤めに出ていた娘さんが定職を辞めてパート勤めに切り替えて親の面倒を10年間みていたケース。親が亡くなってまた就職したいけれど、女性でもあり、10年間のブランクということで、再就職先がみつからない。兄弟姉妹は「遺産の分割は平等でいいだろう」と言うのだけれど、自分の生活を犠牲にしていたのだし、この先の生活の不安を考えたら、正直、遺産の割合を考えてほしい……、という話でした。

ただ、そういう思いは持ちながらも、裁判なんて滅相《めっそう》もない、兄弟姉妹と揉《も》めてまでは権利主張したくないというのです。私たちが「あなたの権利なのだから主張できますよ」とアドバイスしても、そこまではしたくない、と。

家族の和や人間関係といったものの方が、多少の経済的利益よりも大事だという価値観がそこにあるのです。

誰もが権利を主張してお金を奪い合う社会ではなく、より多くの幸せを分け合う社会

家族の幸せのための相続

物よりも心を分け合う相続

そういう考え方をすると、また違った世界が見えてくると思います。相続対策とは、身近な人の幸福の総量を増やすためにする行動なのかもしれません。

第3章

実例でわかる相続のトラブルポイント

ケース❶ 不動産の分割

相続した土地を3人で分けたい

ここまで、相続で起こる問題は、ほとんどが不動産を巡る問題であること。そして、事前に家族で話し合い、適切な対策を講《こう》じておけばトラブルを防止することができるとお伝えしてきました。

本章では、実際にあったケースを元に、どこに問題があったか、そして、そのときどういう選択肢の中からどんな対策を選ぶべきだったのかを具体的な例で紹介していきましょう。

◆ ◆

一人暮らしをしていた母が亡くなりました。その家で育った息子3人はすでに独立しています。父は5年前に亡くなっていました。母の家は、東京都内の私鉄沿線、

遺産の土地を兄弟３人で分けたい

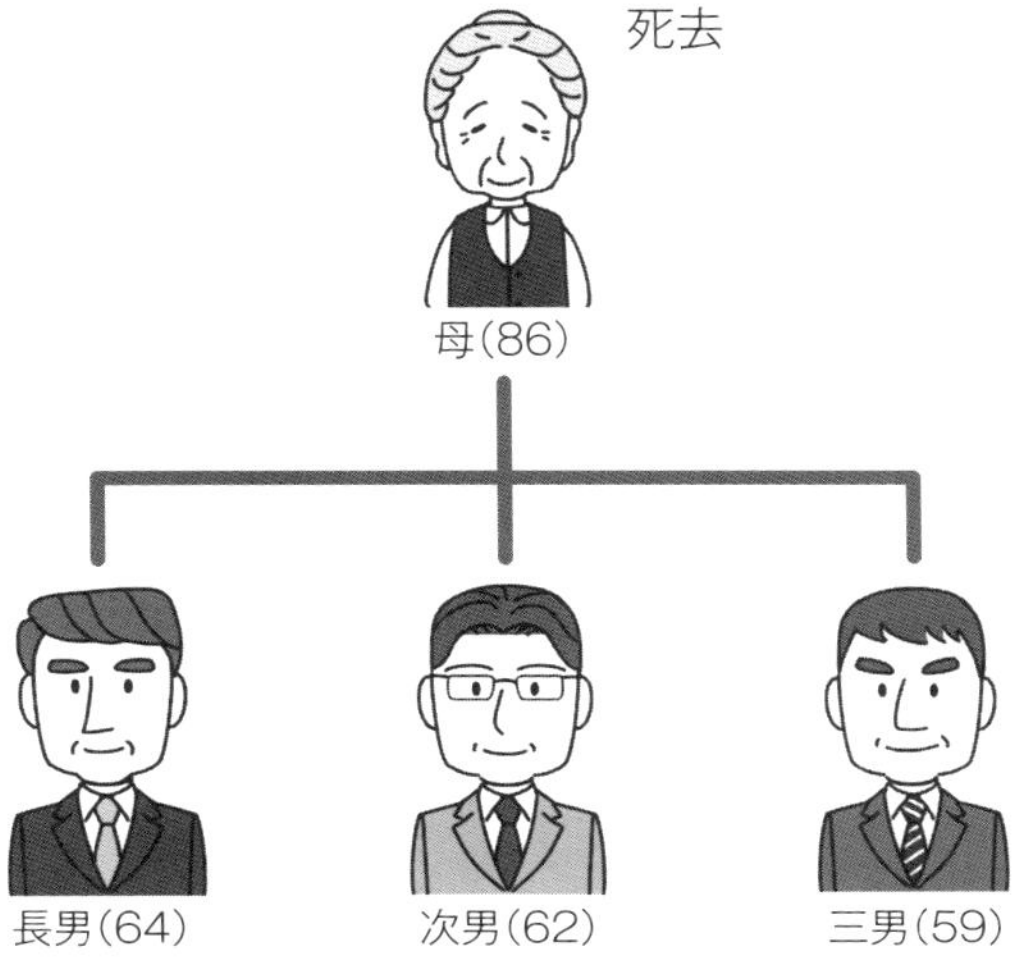

実家の土地見取図

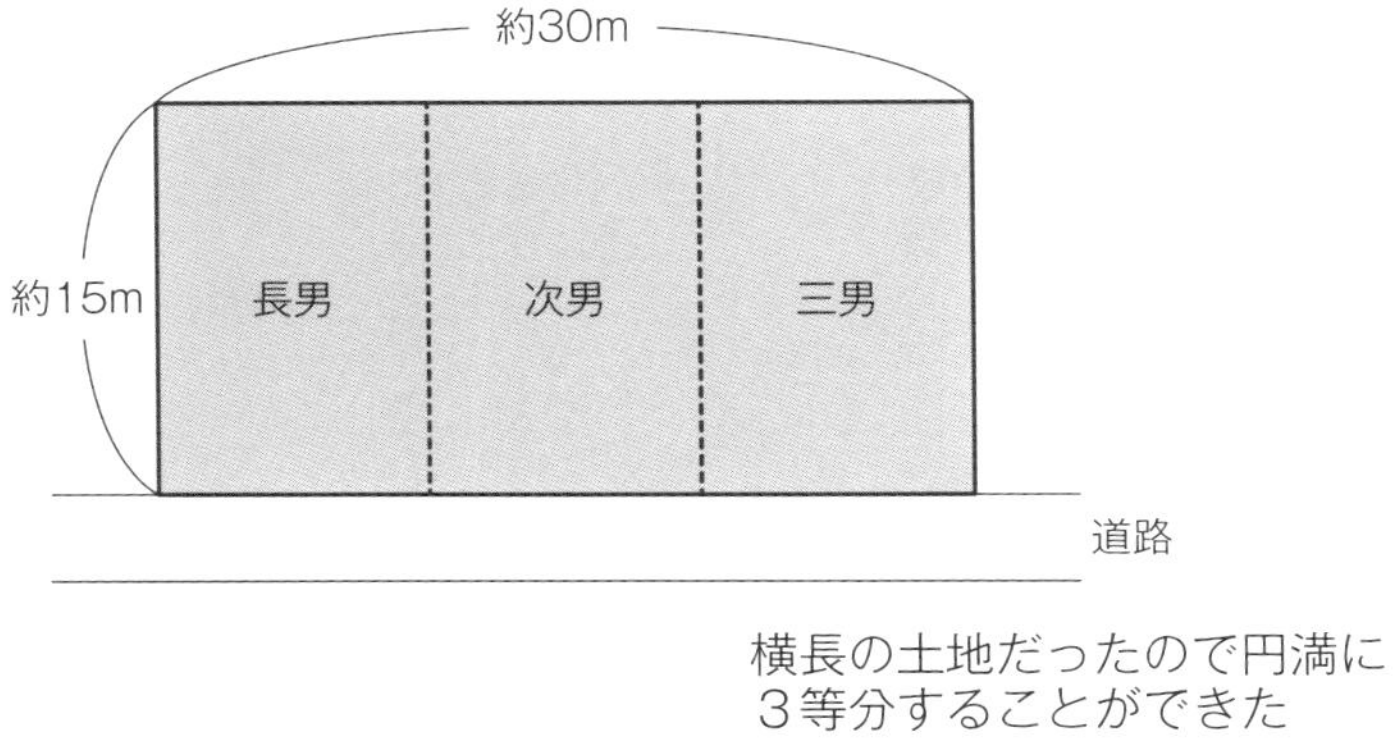

駅近くのまとまった土地でしたが、さて、残されたこの土地を兄弟3人でどう分ければいいのだろうという話になりました。

私のところに相談に来たので、まず、3つの方法を提案しました。

●土地を売り、代金を3人で分ける

●家を壊《こわ》してアパートを建て、共同経営する

●土地を3分割して別々に所有する

息子のうち2人は、土地を売ってしまい、お金を分ければいいじゃないという意見だったのですが、一番上の兄は、生まれ育った場所に愛着があり、できることなら売らずにいて、またそこに戻って暮らしたいというのです。また、アパートの共同経営は、今まで縁がない仕事ということで、3人ともあまり乗り気ではありません。

道路に面した横長の土地だったため、大きな問題もなく3分割することができます。そのため、3人は結局、土地を3分割することを選択。最終的にそれぞれが土地を所有することで話がまとまりました。

解説――土地を分割して相続するのが難しいケースも

不動産の共有は避ける

不動産は分けるのが難しいからトラブルの元になる。ここまでも繰り返し述べてきたことです。遺産として不動産が遺《のこ》されて複数の相続人がいる場合、やはり問題となるのが分け方です。大きく分けて４つの方法があります。

①現物分割
②換価《かんか》分割
③代償分割
④共有分割

①の現物分割は、実際の土地を分筆（地番を分けて登記し直す）して複数の相続人に分ける方法です。

例に挙げたケースでは、道路に面した横長で広い土地だったため、比較的簡単に３分割できました。しかし、分割前の土地が縦長で、道路に接している部分が短い場合はそう簡単にいきません。

家を新たに建てるときには、建築基準法で接道義務というものがあるのです。それによると、幅４ｍ以上の道路に接している部分が最低２ｍなければなりません。この規定があるため、道路に面していない土地には建物が建てられず、不動産としての価値が下がります。たとえ同じ面積で三等分しても、道路に接した土地と接していない土地では評価が全く違ってくるのです。

縦長の土地や旗竿地は現物分割しにくい

建物を建てる土地は一定の長さ道路に面していなければならないという規定がある

また土地の価格については、経済合理性という考え方もあります。面積が極端《きょくたん》に小さい土地は用途が限られるため、単位面積当たりの評価も低くなるのです。分割する前に比べると、半分程度の評価額となってしまうこともよくあります。

こういった事情もあり、土地を分ける際、現物分割でうまく決着できるケースというのはそれほど多くありません。

共有分割はトラブルの元
兄弟・姉妹間では避《さ》けた方がよい

②の換価《かんか》分割は、不動産を売ってお金に換え、代金を相続人で分ける方法です。

一番すっきりと公平に分けられる方法ではありますが、相続の場合、生まれ育った家や土地に愛着があって売りたくないというような『心の問題』も生じます。これはもう当事者の心情の話ですから、われわれアドバイスをする側は、相談者の気持ちをうかがいながら、どうするのがベターなのかを提案しています。

③の代償分割は、相続人のうち誰か1人が不動産を相続し、他の相続人には自分の懐から現金等を渡して埋め合わせる方法です。他の人の相続分を買い取るという考え方をしてもいいでしょう。

不動産以外に現金・有価証券などの相続財産がある場合は、それを他の相続人に相続させることで分割のバランスを取る手段もあります。土地を売らずに残したいとき、まずはこの代償分割を中心に考えることが多いのです。

そして、④の共有分割。ひとつの不動産の名義を複数人にし、みんなで権利を共有する方法です。代償分割では土地を相続する人が大きなお金を用意しなければならないところ、共有分割ならそれが不要です。

「いい方法じゃないか」

と思う人もいるでしょう。しかし、われわれ不動産コンサルタントとしては、親子以外による不動産共有はお勧めできません。共有は、後で必ずもめ事が起きるのです。

6000万円の土地を3人で共有しているとします。計算上、1人が持っているのは2000万円分の権利ということになります。しかし、3人全員の合意がなければ、この土地を売ることはできません。1人がお金が必要になって土地を換金したくても、他の２人がノーと言えば売れないのです。

「土地の権利を持っていても、換金できないんじゃまったく意味がない」

と思う人もいるかもしれません。

念のため申し上げておきますと、法的には一部の共有持分《きょうゆうもちぶん》を売ることはできます。最近は、そんな人をターゲットとした業者も現われてきました。電車内に「共有不動産をお譲りください」というような広告も見かけるようになりましたから、みなさんもご存じかもしれません。

しかし、共有持分を赤の他人と

不動産の共有はお勧めできない

持つことは、さまざまなトラブルの元になりますから、不動産の共有は避けるべきです。

また、一部の弁護士さんも、

「法律で共有というやり方が認められているのだから、問題ない」

と共有分割を勧める方もいらっしゃいます。法的に考えるとそれでいいのかもしれませんが、われわれ現場を知る者から見ると、将来のトラブルを先送りしているだけだと思います。

ケース❷ その土地は売れる土地？

不動産売却前に必要なこと

父は日頃から、「自宅以外に土地を持っているから大丈夫。いざというときにはそれを売って相続税を払いなさい」と言っていました。

実際に父が亡くなり、子どもたちは自宅以外の土地を売り、そこから相続税を支払おうと準備を始めました。ところが、売却の相談に行くと、

「隣地との境界について測量した資料がないため、それを作らないと売ることができない」

と言われてしまいました。

そこで、測量を頼んだのですが、この作業には隣地の所有者の立ち会いが必要になります。しかしながら、その方は以前に父との間にトラブルがあり、境界確定への立ち会い（確認書への署名捺印《しょめいなついん》）をお願いしても、

土地は境界を確定しないと売ることができない

なかなか応じてくれません。

そうこうするうちに、進展がないまま時間がたってしまいました。相続税の申告期限である10カ月が過ぎ、延滞税が発生する事態となってしまったのです。

解説――その土地は価値のある（売れる）土地か

相続が発生する前にしっかり確認

土地は確実な資産のひとつであることは言うまでもありません。しかし、土地を持っていることと、それがすぐお金に換えることのできる財産かということは別の話です。

「近隣の相場が1坪百何十万円だから、自分の土地は、ざっとこのくらいの時価だろう」

そんな程度の認識である方も少なくありません。自分が元気な間の資産としてはそれでいいとしても、相続が発生し、換金して税金に充《あ》てたいという場面になると、実際に売れない土地では意味がないのです。

代表的なトラブルが、例に挙げた、測量して境界確定をしたいのに、隣地の権利者の了解を得られないケースです。

そのようなケースでは、原則的に売買できません。境界の争いごとになれば、時間はあっという間に過ぎていきます。相続税の申告期限は10カ月以内ですから、その期間に売ってお金にできなければ納税資金としては意味がないのです。

相続税は原則として10カ月以内に現金一括納付

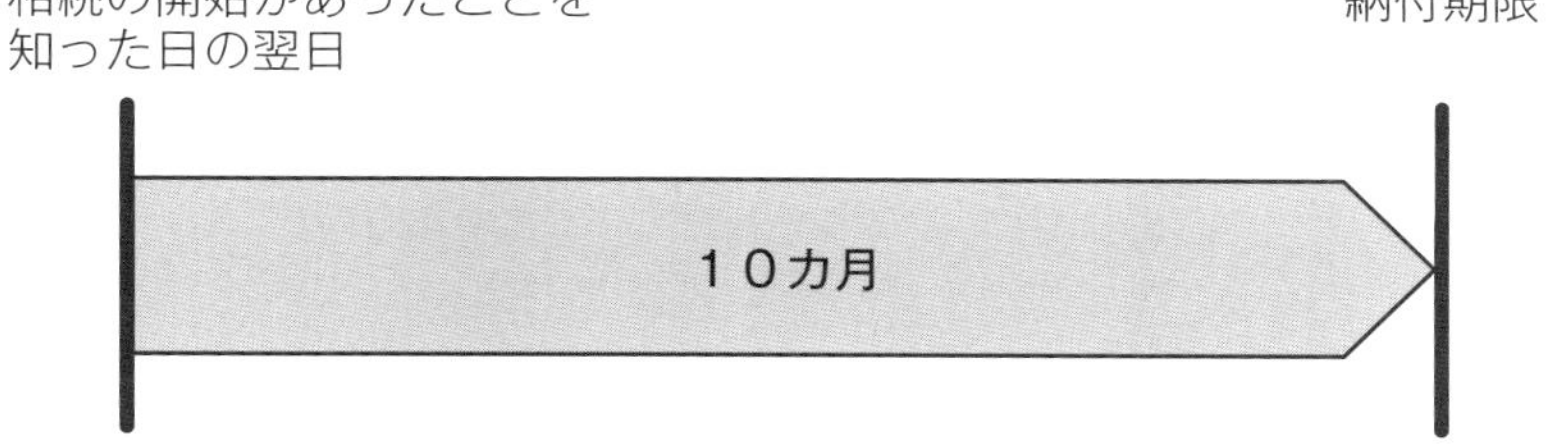

きちんと情報をアップデート
現在《いま》の不動産の価値を知っておく

他のパターンとして、所有者が現在の不動産評価を知らないまま「価値があるはず」と思い込んでいることも少なくありません。

「5000万円で買った土地だから、今は値段が下がったとしても、3000万円くらいになるんじゃないだろうか」と思っているのです。しかし、第1章で紹介したように、地方は本当に不動産が売れない時代になりました。換金価値がゼロということも珍しくありません。東京近郊ですら、数千万円で買った土地が数百万円でないと買い手が付かなくなっているのです。

確かに昭和の時代、全国どこでも土地は10年で倍の価格になっていましたから、『土地神話』を信じ続けていても無理はないのですが……。

土地をお持ちの方が相続税対策を考えるとき、なによりもまず、その土地の価値をしっかり把握《はあく》してほしいのです。それは本当に現在、価値のある土地なのか――。元気なうちに確認しておくことが重要です。

ケース❸ 借りている土地

借地の実家を処分したい

父（80）と母（77）は、45年前に東京の郊外に土地だけを借り、そこに建てた家で生活してきました。息子（50）はその家で育ち、約30年前に独立して別に暮らしていました。最近、父が亡くなり、息子が母を引き取ることにしたため、実家が不要になりました。

息子は地主を訪ね、そういう事情なので土地を返したいと伝えると、地主に「わかりました。それでは、契約書にある通り更地に戻してください」と言われました。そういうものかと納得し、家を取り壊して更地にするにはいくらかかるのだろうと私のところへ相談に来ました。

　そこで私は、

「取り壊しはだいたい100万円ですが、借地権をタダで返してしまうのですか？」

と質問をしました。そしてさらに、

「この土地は所有権を持っているとしたら、かなりの高額になります。だから、その土地を借りているお母さんは、借地権という相当高い評価ができる権利を持っている

借地は、ただ返せばいい？

父(80)死去
母(77)
借地に建てた家に住んでいた
父の死を機に
実家の母を引き取ることに
息子(50)

のです。それを買い取ってほしいと地主に請求できるのです」とアドバイスをしたところ、とても驚かれていました。

そして、その情報を元に地主と交渉してみたところ、100万円を負担して更地にして地主に土地を返すつもりだったものが、借地権を買い取ってもらえることになりました。取り壊し費用と相殺《そうさい》した上で、1500万円で権利を譲渡《じょうと》して土地を返すということになったのです。

解説　意外と知られていない借地権

大きな価値があることも

借地権。

借りている土地に発生する権利のことです。この権利はれっきとした財産なのですが、実は、それをご存じない方が本当に多いのです。

住居は、自己所有か賃貸（賃借《ちんしゃく》）かの区別で、大きく分けて3種類あります。

①建物（自己所有）、土地（自己所有）
②建物（自己所有）、土地（賃借）
③建物（賃借）、土地（賃借）

①はいわゆる持ち家、③は一般的な賃貸住宅です。今回のケースは②にあたります。

さて、③の賃貸住宅ならば、返すときは契約が終了して居住者が荷物を持って出ていって、それで終わりです（敷金の返却くらいはあるかもしれません）。

ところが、②の土地だけ借りている場合も同様に、契約を終わりにして敷地を真っさらにして返すだけかというと、違うのです。借地権というのはかなり大きな権利で、住宅地の場合、所有権の6割程度の価値を持ちます（地域によって差があります）。

このケースでは、4500万円と評価される土地ですから、借地権を評価すると計算上では2700万円。土地を借りていることで、借り手は2700万円相当の権利を持っているのです。ただ、それは国税庁が決めた数字ですから、実勢価格とは異なり、実際はかなり下がります。

さて、例に挙げた件では、当事者である息子さんと地主の交渉の結果、地主が1

６００万円で借地権を買い取り、取り壊し費用の１００万円を差し引いて１５００万円を息子に支払うことになったのです。借地権について知らなければ、地主の言うがまま、１００万円かけて自腹で更地にして土地を返してしまうところでした。借地権というものを知っているか知らないかで、これだけ金額が変わってくるという好例です。

借地権を知っているかどうかで、こんなに違う

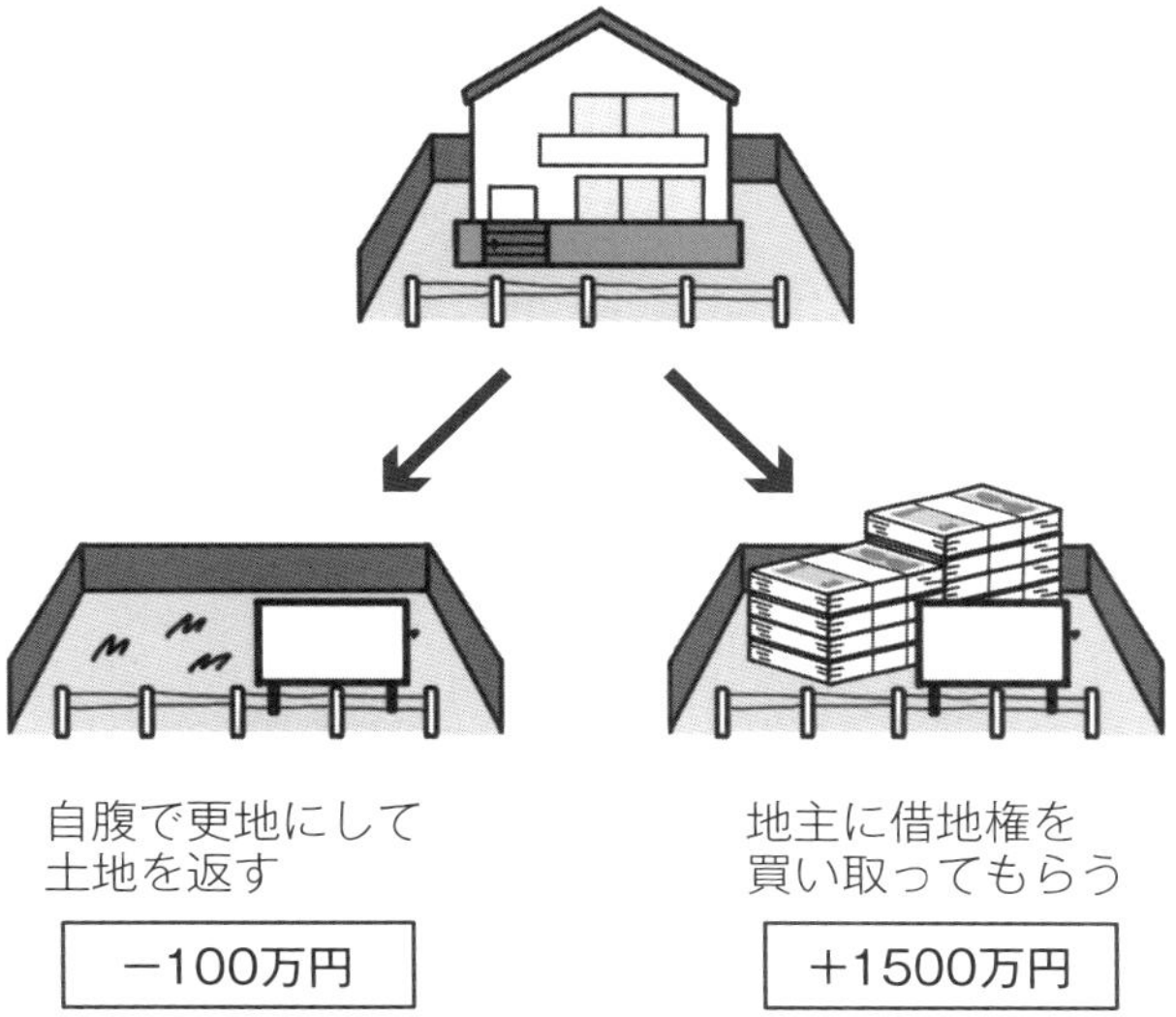
自腹で更地にして
土地を返す
−100万円
地主に借地権を
買い取ってもらう
+1500万円

借地権は大きな財産。

ということは、例に挙げたケースからは離れますが、一等地の借地権を持っている人が亡くなった場合、莫大な相続税がかかってくるということでもあります。借地権は、実際に売買される価格よりも国税庁による評価額が大幅に高いことがほとんどですから、相続税対策としては、相続が発生する前に売って整理しておいた方が節税になります。

ケース❹ 認知症と相続

発症したら、本人名義の財産は……?

母(85)は15年前に夫を亡くし、東京都内北部の私鉄駅そばの家(土地・建物とも自分名義)で一人暮らしをしています。現在は身の回りのことは不自由なく、息子(58)が定期的に顔を出す程度で問題なく暮らしています。

ただ、母の同年代の友人なども施設に入る人が増えてきました。そのため親子で将来のことを調べ始めました。特別養護老人ホームはなかなか空きがなく、資格を満たしていてもそう簡単には入れないと知ります。そのため、母が現在暮らしている家・土地を売り、有料老人ホームの入居費用に充てればいいじゃないかと考えました。

しかし、現在は生活

認知症の症状が出てから自宅を売ることはできる？

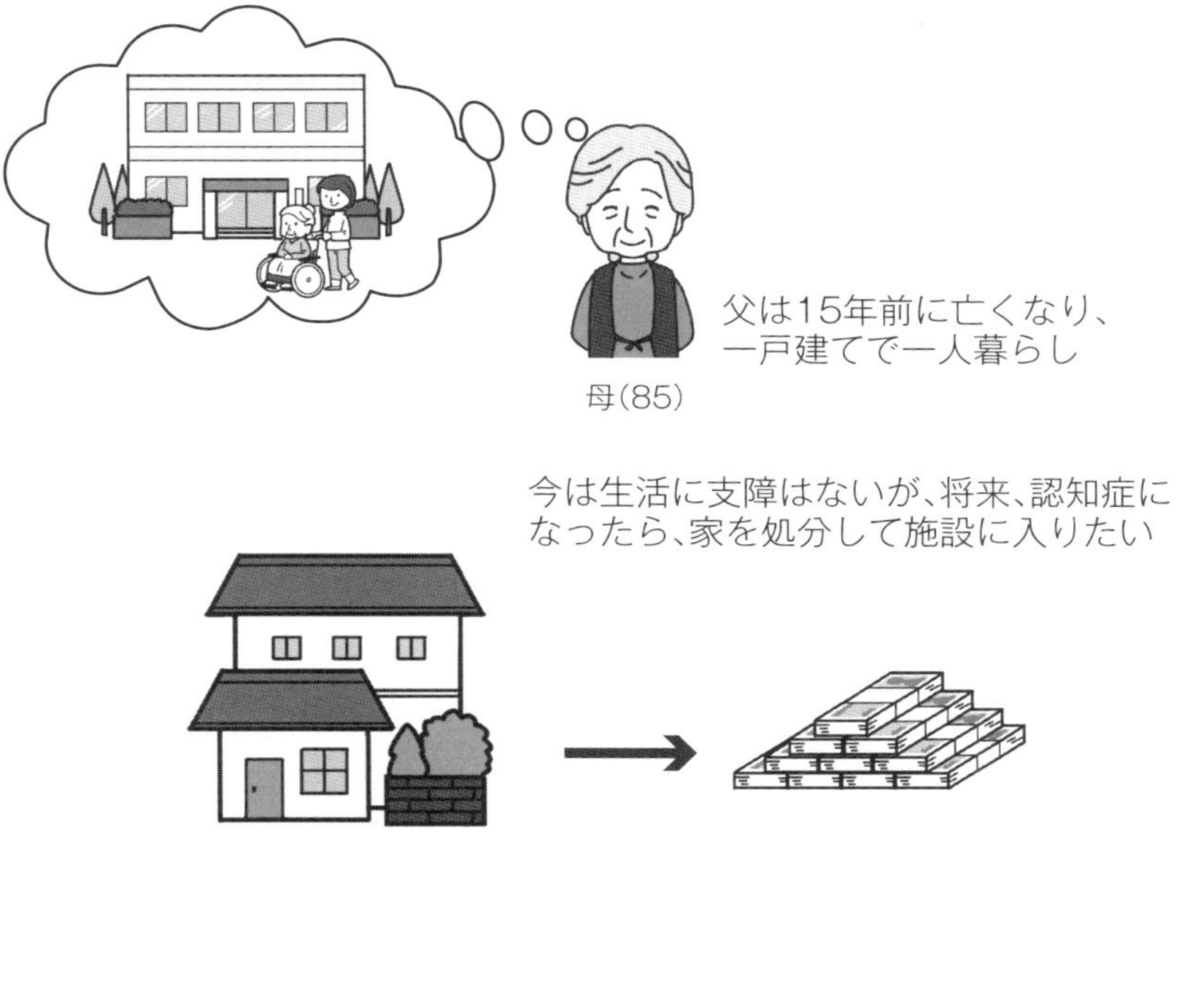
父は15年前に亡くなり、
一戸建てで一人暮らし
母(85)
今は生活に支障はないが、将来、認知症になったら、家を処分して施設に入りたい

に問題はないため、今すぐ家を処分したくはありません。何かあるまでは、住み慣れた今の家で暮らしたいのです。何年か先、認知症を患《わずら》って一人暮らしが難しくなったとして、そのときに不動産を処分してホームへ移ることができるのでしょうか。

解説――意思確認ができないと契約は難しい

元気なうちに『民事信託《みんじしんたく》』を

高齢化社会を迎え、一人暮らしの親を施設に入れるため、家を処分したいという相談も多く受けます。

お元気な状態であれば何も問題はないのです。しかし、もし認知症の症状が現われているとしたら、本人名義の財産の売却は簡単にはいきません。

ですから、「今は何もせず、認知症でホームに入る必要ができたときに土地を売ればいい」、という方法はとれません。そう話すと驚かれる方も少なくありません

民事信託と成年後見制度

	法定後見人《こうけんにん》	民事信託
権限	1.財産管理 2.法律行為の代理 3.身上監護《しんじょうかんご》	信託財産の管理・処分
不動産の処分	居住用財産は、家庭裁判所の許可が必要（合理的な理由を求められる）	受益《じゅえき》者のためであれば、受託《じゅたく》者が自由に処分できる
その他	財産を「守る」ことに主眼を置くため、財産の運用や売却ができない	信託契約を結ぶ時点で本人意思確認が必要（認知症発症前でないと契約できない）

から、一般の方には意外なことなのでしょう。

不動産の売買は契約です。契約書に書かれた条件を自分で確認して署名捺印することが必要です。しかし以前は、そのあたりのチェックは厳格《げんかく》には行われていませんでした。だから、

「家族全員承諾《しょうだく》していますよね？　じゃあ、進めましょう」

と、家族だけの同意で不動産を売却してしまうケースもあったのです。しかし、現在はそのあたりは厳格になりました。登記を行う司法書士も、きちんと本人の意思を確認します。守らなかった場合は資格剥奪《はくだつ》等の厳しいペナルティもあるので、認知症の症状が出ている方の不動産売買はまったくできません。


では、認知症が発症した後に財産を処分するためには、どうしたらいいのでしょうか。

ひとつは、成年後見《こうけん》という制度があります。裁判所に成年後見制度の申し立てをして、さらに居住用不動産処分許可の申し立てをして裁判所から許可を得る、という流れになりますが、時間がかかるばかりでなく、それなりの手間や費用がかかることになります。

そして、この制度は当事者の財産を保つことに主眼を置いているため、自宅を売って介護施設への入居費用に充てるといったようなことには、あまり適していないのです。ですから、例に挙げたケースのように、認知症が発症してから家を処分して施設に入るという順番には向きません。

不動産の活用を想定するなら成年後見《こうけん》よりも民事信託《みんじしんたく》

もう少しスムーズに動けるやり方はないのかというと、『民事信託』を利用する方法があります。

民事信託とは、2006年に信託法という法律が改正されてとても利用しやすくなった制度です。財産の権利の中で、管理や処分といった権利だけを家族に委託することができます。この手続きをしておけば、不動産所有者が認知症になったとしても、管理を任された家族が不動産の売却をすることができます。

もちろん、財産自体はもとの所有者のものですから、売却して入ってきたお金は所有者のものです。例に挙げたケースでいえば、息子さんを民事信託の受託者にしておき、息子さんの権限で不動産を売却し、認知症のお母さんのホーム入所の費用として使えることになります。

この信託という方法はとても画期的《かっきてき》な制度なのですが、契約書の作成が非常に重要なので、民事信託にも精通した専門家への依頼が必須《ひっす》となります。

ケース5 遺留分《いりゅうぶん》

遺言書がなかったばっかりに……

夫（70）、妻（63）、35年前に大都市郊外の分譲住宅を購入し、ローンはすでに完済しています。子どもはおらず、ずっと夫婦２人で暮らしていました。夫が病気で亡くなりましたが、遺言書などは作っていません。大きな遺産は夫名義の自宅（土地・建物）だけ。夫には妹がいますが、15年前に夫の両親が亡くなってからは付き合いがありませんでした。

妻は、夫が遺《のこ》した今の家にこれからも住み続けたいと思っています。

「自分と夫の家計から家と土地を購入し、35年間ずっと2人で暮らしてきたのですから、当然、自分がそれをすべて受け継

子どもがいない夫婦は相続人の範囲に注意

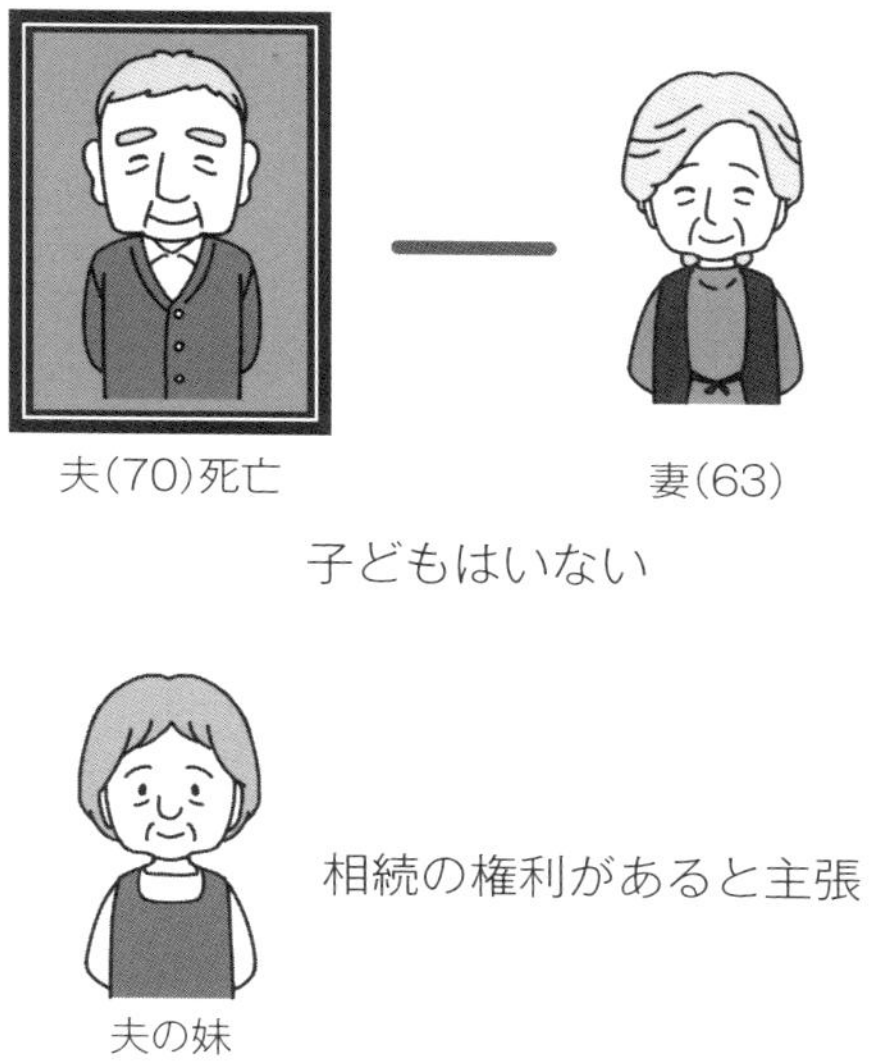

ぐもの」

と考えていました。ところが、四十九日法要の終わった後、夫の妹が突然、

「私にも相続の権利がある。その家を自分のものとして住み続けるなら、５００万円で権利を買い取ってほしい」

と言い出したのです。


思いも寄らぬ言葉に驚き、あわてて弁護士に相談に行きました。そこで聞かされたのが『法定相続分《ほうていそうぞくぶん》』という言葉。

子どものいない人が亡くなると、配偶者（妻）の相続分は全体の４分の３（亡くなった人の両親もすでに亡い場合）。残りである４分の１は、亡くなった人の兄弟姉妹の権利なのです。


つまり、家と土地の権利の４分の１は自分のものになるという夫の妹の主張は正当なものだったのです。とはいえ、妻には他に資産もなく、これから年金中心の暮らしを考えているため、その権利を買い取るような資金はありません。

「それなら、その家と土地を売ってしまえばいい。１人ならば、もっと小さい家で用が足りるだろう」

と言われましたが、長年住み慣れた家から今さら引っ越しするのには抵抗があります。

子どものいない夫婦の片方がなくなった場合の遺産の分け方

亡くなった人の親が健在の場合

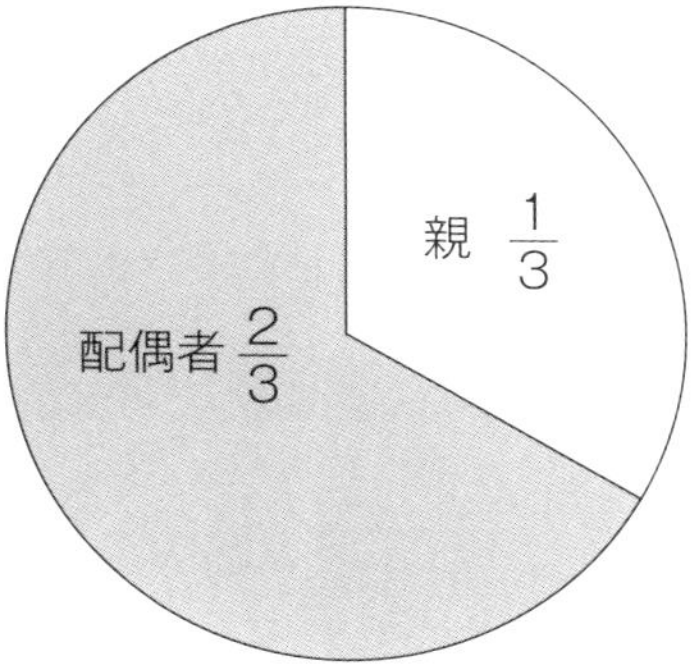

亡くなった人の親がすでに亡く、兄弟姉妹がいる場合

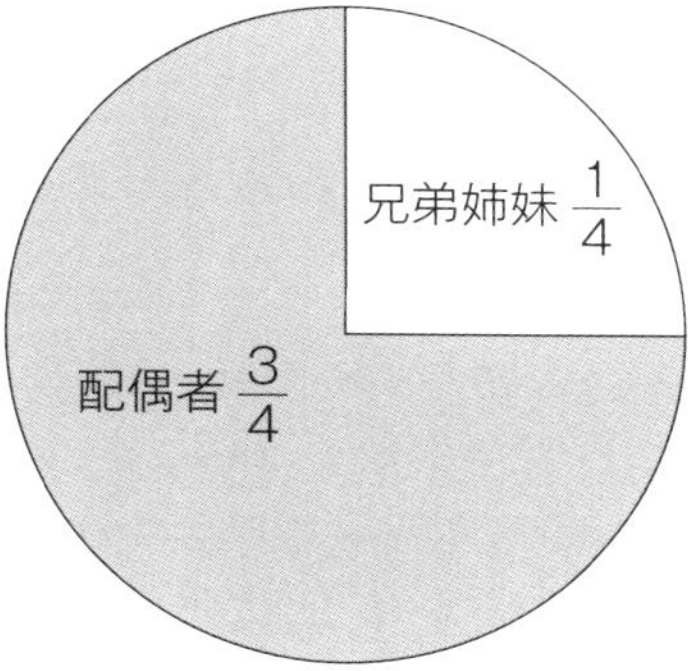

どうやっても買い取りすることができないと説明して交渉の結果、不動産を共有とすることで義妹と合意が成立しました。当面はこれでなんとかなりましたが、将来、家を処分する必要が出てきたときも、単独の判断ではできないという結果になってしまいました。

遺留分とは

相続人に認められている最低限の遺産取得分
遺言書で遺産分配を指定してあったとしてもこれを削ることはできない

遺留分は、相続人が配偶者、子どもの場合は法定相続分の２分の１、
直系尊属（親、祖父母）の場合は法定相続分の3分の1。
兄弟姉妹には遺留分は認められない。

●夫が死去。相続人が妻と子どもの場合、法定相続分は２分の１

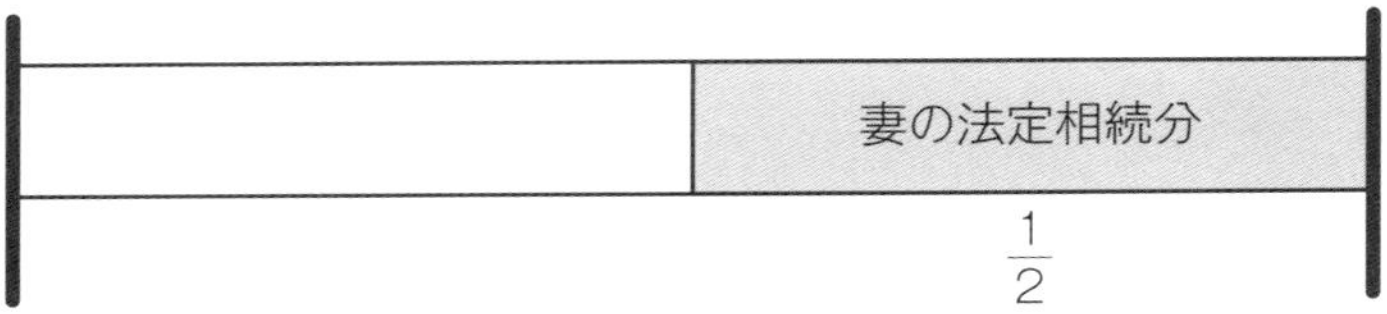

●「妻に遺産は相続させない」という遺言があったとしても
妻は４分の１を受け取れる権利（遺留分）

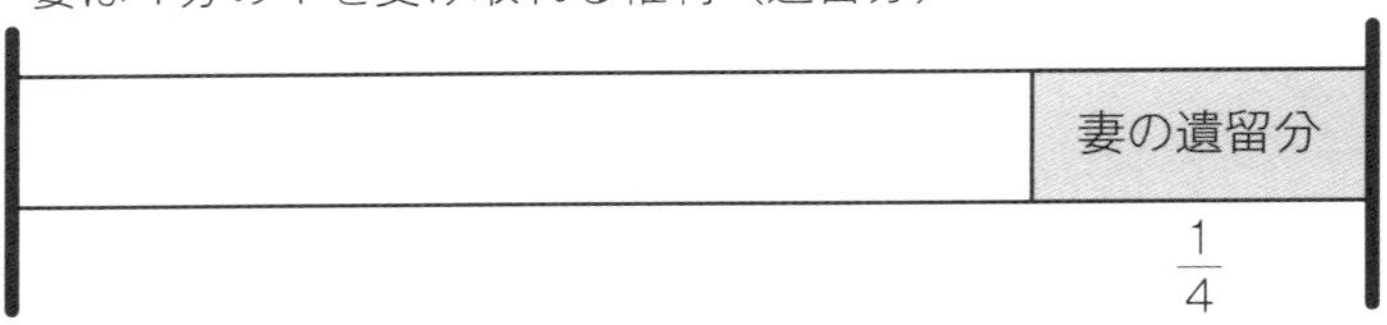

解説 子どものいない夫婦は必ず遺言書を

兄弟姉妹にも相続の権利

長年連れ添った配偶者を亡くしたとしても、今住んでいる家に住み続けたい。亡くなった夫が買った家なのだから、それを妻が受け継ぎ、当然、住み続けられるものだと思う人が大半でしょう。それなのに、思わぬ所から横やりが入ったケースを紹介しました。

子どものいない夫婦の片方が亡くなった場合、亡くなった人の親（直系尊属《ちょっけいそんぞく》）が健在であれば親に3分の1、配偶者が3分の2が法律で定められた相続の割合です。亡くなった方の親が亡くなっている場合は、配偶者が4分の3、亡くなった人の兄弟姉妹に4分の1と決められています。ですから、例に挙げたケースでは、夫の妹にも遺産相続の権利があることは間違いありません。

ただし、相続にはもうひとつ、「遺留分」という制度があります。これは、亡くなった人が遺言書で遺産の分配方法を指定していたとしても、配偶者、子、親（祖父母）には、一定の割合で相続する権利が残るというものです。たとえ、遺言書に「遺産はすべて愛人へ」と書いてあったとしても、配偶者や子どもには、一定の遺産を相続する権利があります。

しかし、これは事前に準備をしておけば防ぐことができたのです。

兄弟姉妹は法定相続人であっても遺留分が認められない

さて、この「遺留分」なのですが、兄弟姉妹には認められていません。ですから、例に挙げたケースで夫が遺言書を作り、「全財産を妻へ相続させる」と一行だけでも書いておけば、夫の妹には遺産を請求する権利はなかったのです。

最近は、子どものいない夫婦も少なくありません。自分の死後、配偶者が無用なトラブルに巻き込まれることを防ぐため、ぜひとも遺言書を作成しておいてほしいのです。

ケース⑥　前妻の子にも相続の権利？

遺言書を作っていたとしても……

夫（68）、妻（60）、娘（30）の3人家族。夫には前妻との間に息子（40）がいましたが、その子が成人して以来、連絡を取っていません。夫が亡くなりましたが、遺産は、妻と娘と3人で住んでいた家・土地（夫名義）がほぼすべてでした。夫は生前、自分が死んだ後も妻と娘が変わらず家に住めるようにと、すべての財産を妻と娘に相続させる趣旨《しゅし》の遺言書を作っていました。

ところが、夫が亡くなった後、くだんの息子がやって来て、自分にも相続の権利があると言い出したのです。妻は遺言書があるからと安心していたのですが、前妻の息子にも遺産の8分の1を相続する権利があることを知らなかったのです。

知ったからといっても、家と土地について、前妻の息子の相続分を買い上げるほどの蓄《たくわ》えは妻と娘にはありません。協議の結果、不動産を前妻の息子との共有名義にすることで、今の家に住み続けられることになりましたが、将来、権利関係でまた一悶着《ひともんちゃく》が起きそうなトラブルの種を抱えています。

前妻との間の子どもには相続の権利がある？

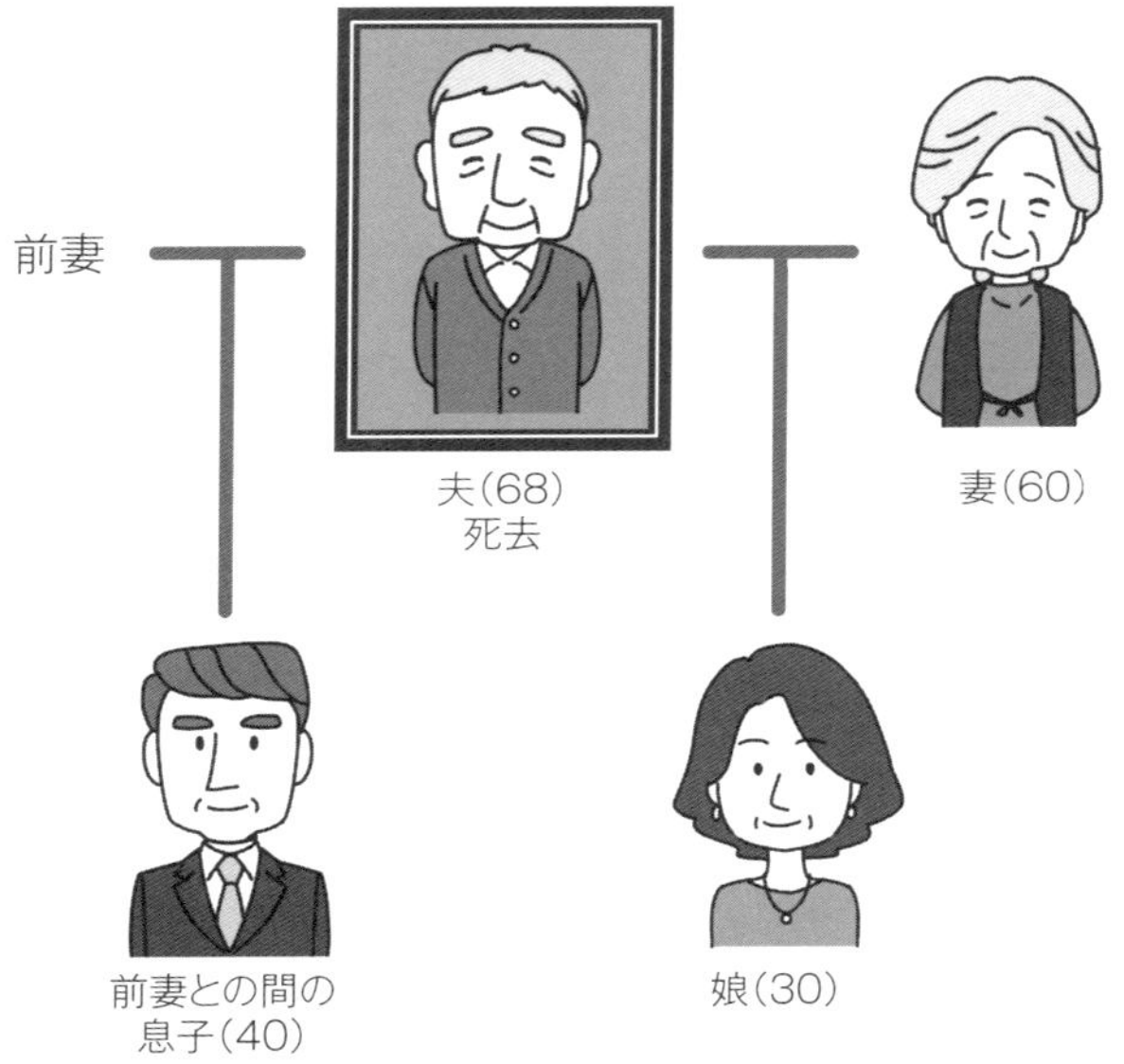

解説―前妻の子がいる場合

現金等で相続分の準備をすべき

離婚（死別）した配偶者との間にもうけた子どもは、長く一緒に暮らしていないとしても、相続権があります。例に挙げたケースですと、法定相続分は妻が2分の1、娘が4分の1、前妻の子が4分の1ということになります。

子どもが相続人の場合は遺留分が認められ、それは法定相続分の半分です。ということは、たとえ夫が現在の妻と娘に全財産を相続させたいと思って遺言を残していたとしても、前妻の子には全遺産の8分の1を相続する権利があるということになります。

もちろん、話し合いで決着すればいいのですが、そう円満にいかないことも多いでしょう。とはいえ、この遺留分の存在は法律で決まっていて、前妻との間に自分の子どもがいることもあらかじめわかっていることです。家と土地を現在の妻と娘だけに残したい、自分がいなくなった後も安心して暮らしてほしいと思っていたなら、遺言書のみならず、前妻の子に渡す遺留分を現金や生命保険などで準備しておくべきだったのです。

ケース❼ 相続と生命保険

誰を受け取り人にすればいいのか

父（65）は、自分所有の家で長男家族と同居しています。母はすでに亡くなっていて、独立している次男と三男がいます。

長男夫妻に生活面で世話になっていることもあり、父は、自分が死んで相続が発生しても長男家族がこの家で暮らし続けられる方法を探していました。

生命保険の営業の人に相談すると、生命保険を使えば長男に土地を相続した上で、兄弟3人に平等に遺産を分けることができると言われました。

家と土地の評価額が2000万円。そこで、4000万円の死亡保険に加入し、それを次男と三男で分ければ、3人とも2000万円相当の遺産を受け取ることができるというわけです。

　ところが、その保険金の受取人を次男・三男にしようと手続きを進めようとしていたので、私は保険金4000万円の受取人は長男にすべ

同居で世話してくれている長男に自宅を遺《のこ》したい

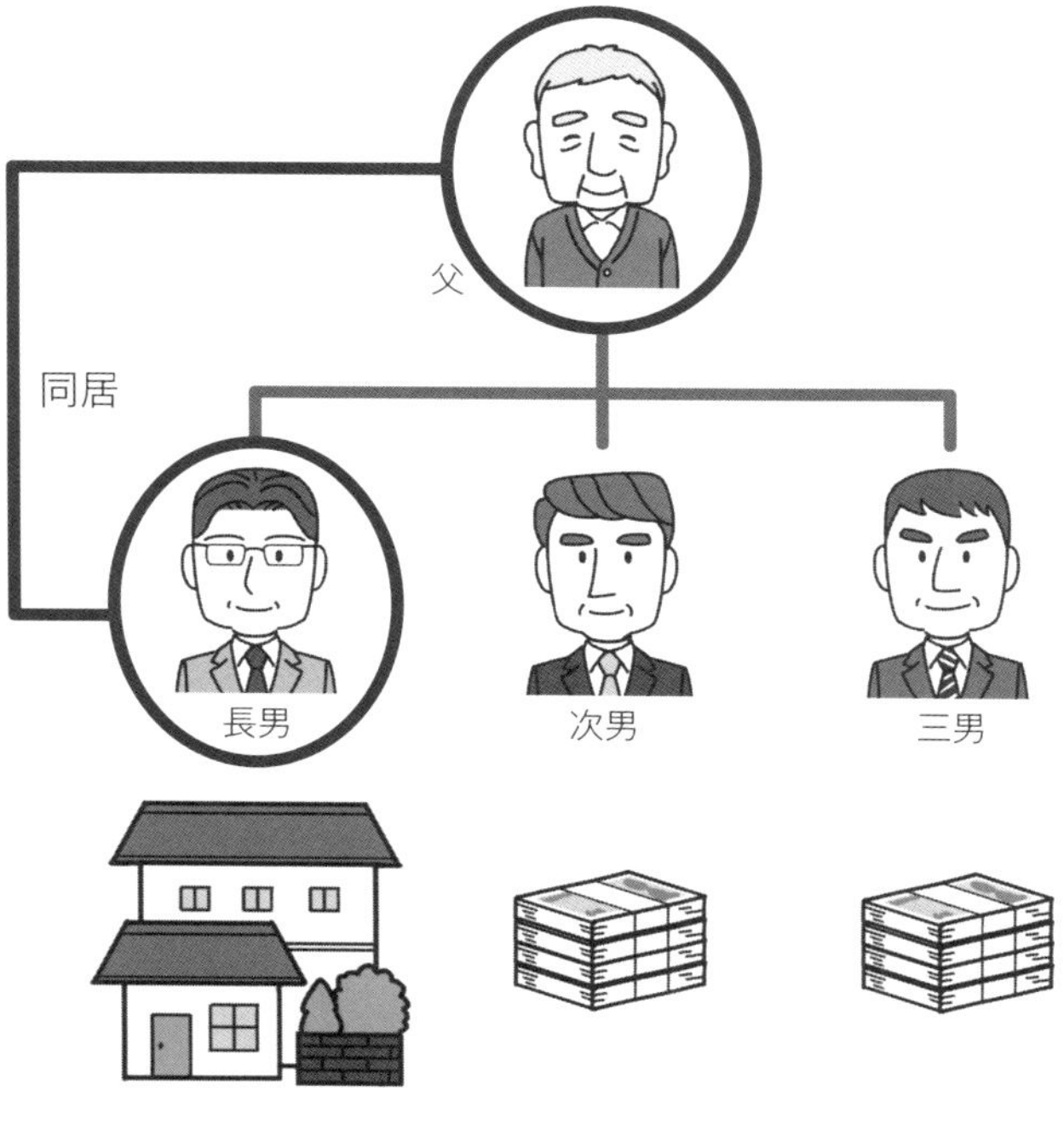

きだというアドバイスをしました。
これはなぜなのでしょうか。

解説 生命保険は、財産を誰に渡すか指定できる

代償《だいしょう》分割と組み合わせるとよい

相続で生命保険を使うのは、税金そのものを減らす効果（後述）もありますが、その金額を誰が受け取るかはっきりさせられるという役割もあります。遺産相続においては、どの遺産を「誰に」「どれだけ」相続させるか決めておくのは大事なことです。

例に挙げたケースでは、トラブルを未然に防ぐためにも保険金の受取人は長男にしなければいけません。4000万円の保険金の受取人を次男2000万円、三男2000万円としてはいけないのです。

「3人とも2000万円を受け取るならば、平等ではないか」と思う人もいるでしょう。少し専門的な話になりますが、生命保険は相続税の計算上、遺産として扱う「みなし相続財産」ではあるけれど、民法では、原則的に相続財産ではないのです。ということは、生命保険の受取人を次男と三男にしてしまうと、彼らは「保険金は受け取ったけど、相続財産はまだもらっていない」と主張できてしまうことになります。

保険金は相続人に直接ではなく代表者から代償分割で

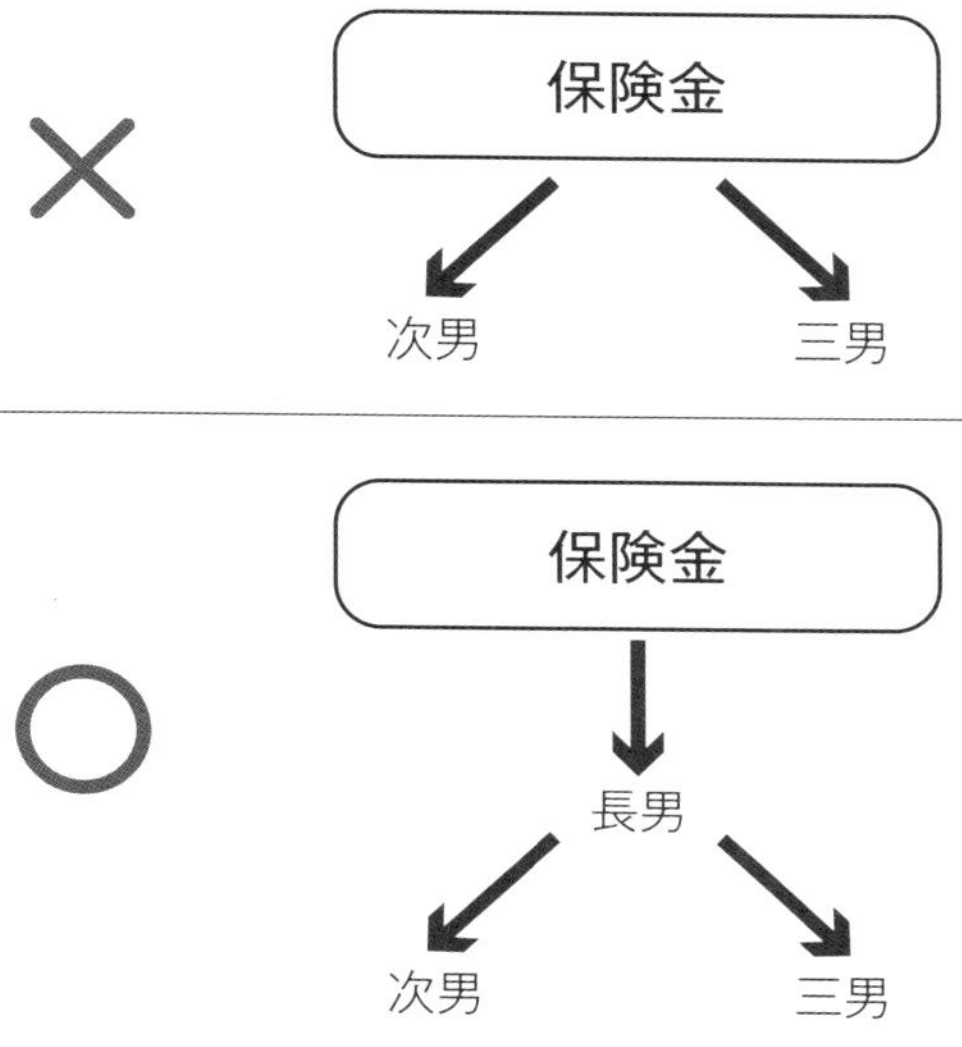

そんなトラブルが起きないよう、このケースでは保険金受取人を長男にし、長男から次男と三男に「代償分割」としてお金を渡すことで平等な遺産分割となります。遺産相続はトラブルなく、関係者みんなが幸せになるのがベストです。こういう方法もあるということを覚えておいてください。

生命保険の控除《こうじょ》は500万円×相続人の数

生命保険を利用した相続税の節税についても説明しておきましょう。

父と母と子ども2人の家族で、生命保険（死亡保険）を掛けていた父が亡くなったケースを考えてみます。

母もしくは子どもが保険の受取人である場合、生命保険については、相続人1人あたり500万円の控除があります。そのため、母と子あわせて3人分で合計15

００万円分の生命保険に相続税がかかりません。これは、受取人が母１人で１５００万円でも、母子３人で５００万円ずつの受け取りでも、どちらでもかまいません。

もうひとつ、生命保険は、加入しているタイプの確認も必要です。生命保険には大きく分けて定期、養老《ようろう》、終身《しゅうしん》がありますが、貯蓄《ちょちく》や利殖《りしょく》目的でなく、相続税対策ということであれば、死亡時に保険金が出なければ役目を果たしません。

「生命保険は、よく覚えてないけど、昔、職場に出入りの保険会社に勧《すす》められて入ったから大丈夫」

という程度の認識の人も多いので、相続対策を始めるときにもう一度確認しておくべきでしょう。

定期保険というのは、契約期間中に死亡した場合に保険金が支払われるものです。ところが、本当に死亡リスクが高まる年齢になる前に保険期間が終了するものが多いのです。だいたい、75歳くらいまでには保険が切れてしまいます。日本の平均寿命は男性80歳、女性87歳前後ですから、ほとんどの人は相続税対策にならないことになります。

終身タイプであれば、何歳で死亡しても保険金が支払われます。一般的な相続税対策に向いているのは、終身の保険です。

相続税対策なのか、不慮《ふりょ》の事故への備えなのか、目的によって入るべき生命保険の種類も異なります。相続を考えて、自分の「財産の棚卸し」を実行するときには、ぜひとも生命保険にも気を配りましょう。

ケース❽ 相続税対策にアパート新築

30年ローンが心配

Aさんは神奈川県で農業をしています。ある日、業務全般で世話になっている金融機関から、

「相続税対策はしていますか？　土地を持っていると相続税がすごくかかりますよ」

と言われて不安になりました。詳しく話を聞くと、

「農地を一部つぶしてそこに賃貸《ちんたい》アパートを建てれば、相続税が1000万円以上安くなります。建築費用はわれわれが30年ローンで融資します。家賃収入から返

済できますから心配ありません」

と言うのです。

それなら、ということで金融機関から紹介された住宅メーカーに任せ、アパートを建てました。今のところ、入居率も上々ですが、なにせローンは30年。子どもたちに残す遺産として正しい選択だったのか気になり始めました。

アパート建設は節税にはなるが……

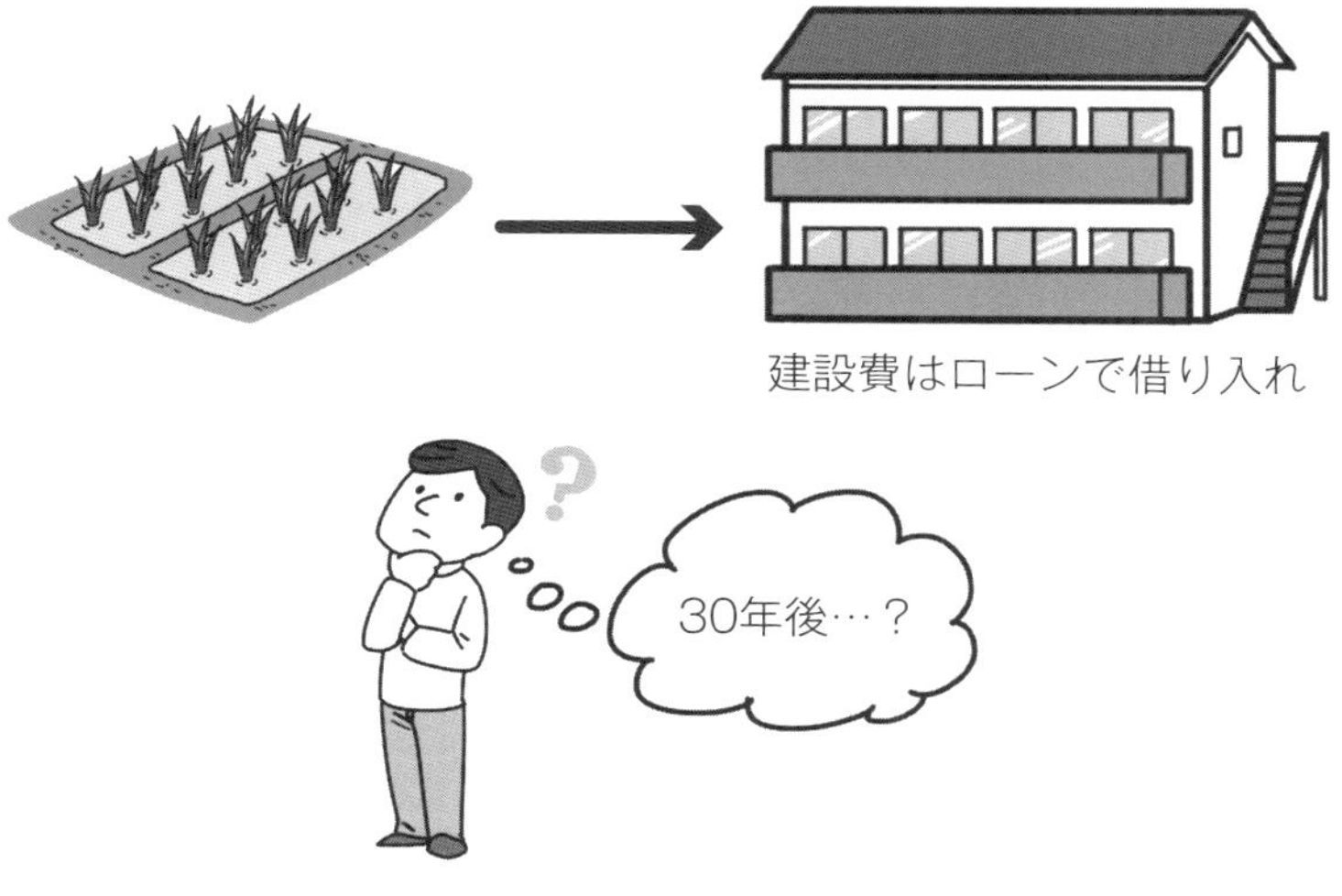

解説　相続税は確かに減らせるが……

「賃貸経営する」という覚悟があるか

「相続対策はしているから大丈夫」という人がいます。もし、その『対策』というのが賃貸アパート経営だとしたら、要注意です。

相続を視野に入れてアパートを新築するという手法は、テレビや新聞でも大きく宣伝をしていたので、聞いたことがある人も多いのではないでしょうか。これが、都内の主要鉄道路線の駅から徒歩10分以内というような、利便性のいい場所でしたら、この先も賃貸需要は高く、アパート建設に踏み切っても問題は少ないでしょう。でも、地方でこれからアパートを新築するのは、お勧めできません。

アパートを建てることで、相続が発生したときの相続税は確かに減らすことができます。原則的に、これは日本中どこに建てても同じです。しかし、アパートを持つということは、そこで賃貸経営するということです。経営ですから同業他社との競争になります。アパートを借りる側になって考えてみればわかると思います。誰だって、新しく、交通の便がいい家を選択するに決まっています。でも、相続税対策として地方に建てるアパートというのは、畑を潰《つぶ》した跡地のようなケースが大半で、交通の便など、賃貸住宅の競争力としては弱いものも多く見受けられます。

新しいうちは入居者も集まってくれるかもしれません。でも、５年たち、10年たち、15年たったときも同じように部屋が埋まるかどうか……。すでに日本は、

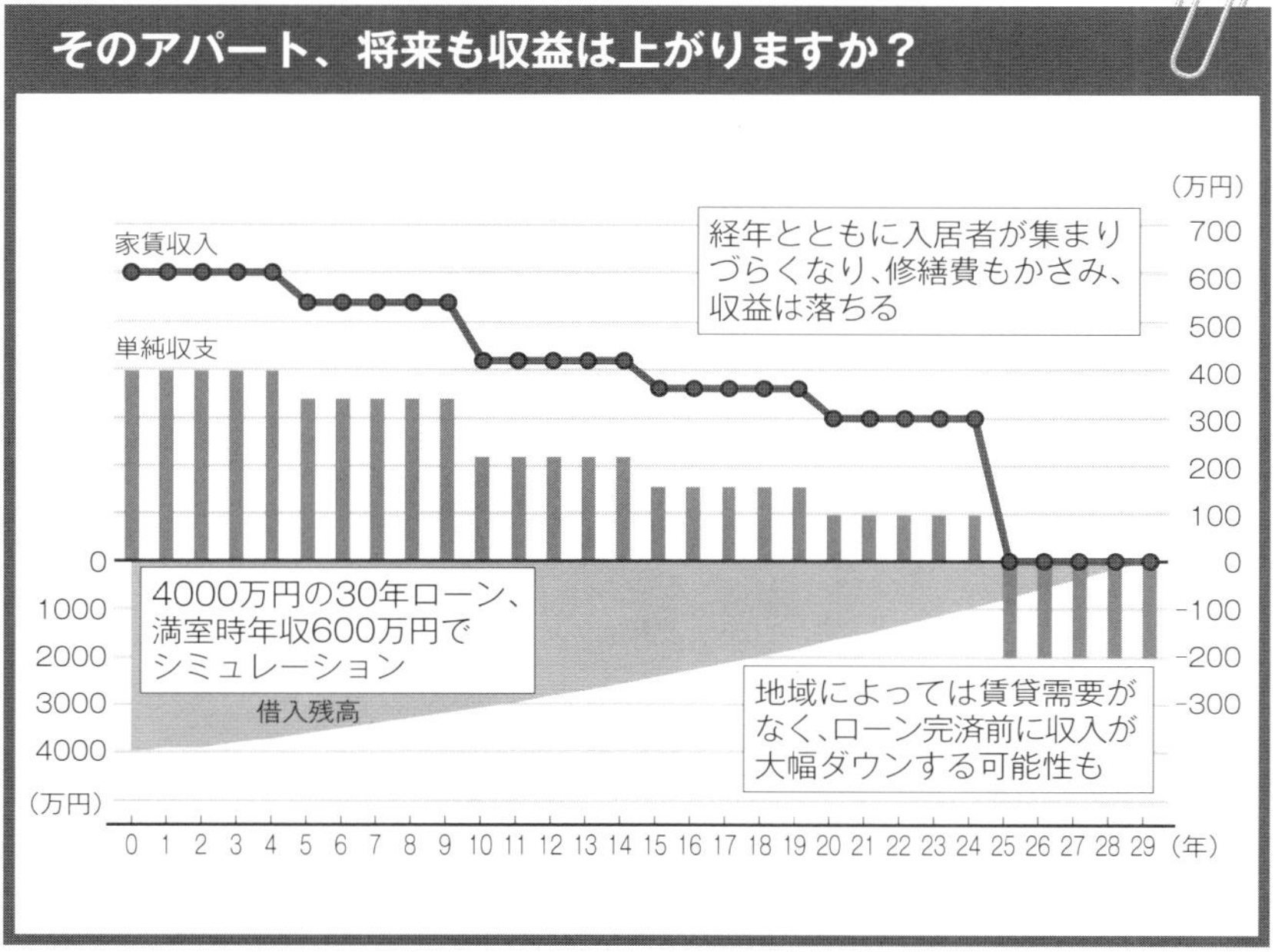
そのアパート、将来も収益は上がりますか？
家賃収入
単純収支
借入残高
経年とともに入居者が集まりづらくなり、修繕費もかさみ、収益は落ちる
4000万円の30年ローン、満室時年収600万円でシミュレーション
地域によっては賃貸需要がなく、ローン完済前に収入が大幅ダウンする可能性も
（万円）
700
600
500
400
300
200
100
0
-100
-200
-300
1000
2000
3000
4000
0 1 2 3 4 5 6 7 8 9 10 11 12 13 14 15 16 17 18 19 20 21 22 23 24 25 26 27 28 29（年）

人口減少期に入っています。地方では、すごい勢いで人口が減少していて、賃貸需《ちんたいじゅ》要《よう》も減っているのです。

そして、当然ですが時間がたてばアパートは古くなります。そうなると修繕《しゅうぜん》の費用がかさむようになります。古くて修繕の必要なアパートでは、借りる人も集まらないでしょう。一度、空室が出れば半年は次の入居者が決まらないこともあります。さらに、一定期間以上が空室になってしまったアパートは、もうずっと部屋が埋まることがないということもあります。部屋を探す人も、「ここは、何かあるんじゃないか」と警戒する心理になってくるのです。

一括借上《いっかつかりあ》げだとか、家賃保証だとか、土地も建物も現物資産だから安心だとか、勧誘《かんゆう》する側はやはり、うまい話ばかり強調するものです。金融機関はお金を貸すのが商売で、住宅メーカーは建物を建てるのが商売であることを忘れてはいけません。

将来にわたって収益は上がるのか
借り手目線で考えてみる

現在でももう、アパートは需要と供給が釣り合わず、明らかな供給過剰になっています。

地方では、田んぼの合間に、誰が住むんだろうという立派なアパートが建っているのも珍しくない光景です。たしかに、相続税は安くなったとして、将来に渡ってきちんと家賃収益が上がり、年々かさむ修繕費を払っても、トータルで得なのか……。

木造アパートなどは、

「すでにローンを払い終わっているから、あとは収入が入るだけ」

とのんきに構えていると、大きな修繕費が必要になることもあるという落とし穴があります。アパートを建てることとイコール賃貸経営なのですから、そこまで考えなければいけません。

「そんなの地方の話でしょう？　うちは東京近郊だから関係ないよ」、と思っている方もいるかもしれません。

ところが現在、横浜ですら、アパートの空室率は35％に達したという調査があります。都内でも周辺部の足立区や江戸川区では、どんどん新築アパートが建っていて、築10年以内の比較的新しい物件でもなかなか埋《う》まらない状況になり始めています。アパートは超供給《ちょうきょうきゅう》過剰《かじょう》時代なのです。

アパート建設加熱で
金融庁が引き締めに動く事態に

なぜそんなことになっているかというと、銀行など金融機関が熱心な営業で、アパート建設を勧めてきたことも一因《いちいん》です。郊外《こうがい》の富裕層《ふゆうそう》というのは、不動産富裕層が主です。日々の生活は質素で、でも代々受け継いだ土地があり、そこから賃料収入などが入ってくるという人たちです。

横浜市の北部などは、40年くらい前は、一面ほとんど田んぼや畑といった状況でした。そこに大きな道路の建設があり、代替地をもらった地主がマンションを建てて人に貸し、少し残した農地で畑仕事をやっているという人も多いのです。日頃から業務でつながりがあって信用している金融機関からの、

「相続税が心配ですか？　じゃああの農地を潰してアパートを建てませんか。建設費はうちで融資させていただきますから大丈夫です」

というような勧誘に乗った方も多かったと聞きます。

それ以外に、住宅メーカーと懇意《こんい》にしている銀行が勧誘に動く例もありました。まず税理士に、

「あなたの土地はこれだけありますから、こんなに相続税がかかります」と指摘させます。そして、住宅メーカー担当者に引き継ぎ、

「それなら相続税対策になるから、アパートを建てましょう」と勧誘するのです。

そして銀行が、

「建設資金の融資なら私たちにお任せください」と登場します。

たしかに、投資という側面で見ると、今は超低金利時代ですから、お金を借りら

れるだけ借りて、それを運用した方が効率が良いのは確かです。不動産投資でいえば、1億円持っている人が1億円のアパートを1棟建てて経営するよりも、その1億円を頭金として9億円借りて1億円のアパートを10棟建て、それを経営した方が資産をより有効活用できます。これをレバレッジ（てこ）効果といいます。ただし、これは表面の計算上のこと。大きな借金を抱《かか》え、不動産価格の下落や将来の需要減といったリスクを負《お》うのはあなたと家族ですから、慎重に考える必要があります。

　昨年には、一部の銀行が住宅メーカーから手数料を受け取って顧客を紹介していたことが問題視され、金融庁が是正《ぜせい》に乗り出しました。また、調査の結果、アパートローンが過熱しすぎている状態で、将来、破綻して経済に影響する懸念もあるとして、融資引き締めに乗り出す事態にもなりました。これにより、以前であれば1億円のアパートを建てるのに1億円の融資を受ける『フルローン』も珍しくなかったのが、相当程度の自己資金がないと融資の審査を通らない状況になっています。

　アパート新築による相続税対策を検討している人は、きちんと立地や賃貸需要を見据え、人口減少による家賃収入下落や修繕にかかる費用まで『経営者』視点でシミュレートしてみることが必要なのです。

需要に疑問符がつくアパートも多く建てられている

地方では、農地をつぶして次々とアパートが建っている。アパート建設にあたっては、将来も収益が上がる物件なのか熟考を

第4章

相続対策でまずすべきこと

借金をすることで相続税節約になるのか

「相続税対策には借金をすればいい？」

そんなフレーズを耳にすることがあります。これは正しいのか――。例を挙げて考えていきましょう。

現在、1億円の財産がある人が、新たに8000万円の借金をしました。その段階でその人が亡くなったとしたら、相続税の対象となる財産はいくらになるでしょうか。

1億から借金の8000万を引き算して2000万円？

そんなことはありません。借りた現金8000万円があるのですから、1億マイナス8000万プラス8000万で、相続税の対象となるのは1億円です。何も変わっていません。ですから、借金自体に相続税の節税効果はありません。

では、なぜそんなフレーズが生まれたかというと、その借りた額を現金で持っているのではなく、手持ちの土地にその８０００万円でアパートを建てるのです。そうすると、税金の計算上では財産評価が低い額として計算することができ、相続税額も低く抑えられます。それが、建物の建築や不動産購入による相続税対策の代表的な形です。

ただ、このケースで気をつけなければならないのは15年後、20年後の将来です。相続税自体は節税できましたが、30年などの長期で契約したローンが残されます。住宅メーカー等が示す資料では、家賃収入からローンを支払っても収益が上がるという試算が示されますが、これからの日本は人口減少時代。過当競争の中で自分の建てたアパートが目論《もくろ》み通りの収益を上げ続けるとは限りません。

住宅メーカーや銀行の言うことだけをうのみにしていると、もしかしたら子孫に負の遺産を遺《のこ》してしまうかもしれません。

不動産の相続対策

評価額と時価との差をよく見る

このように相続と不動産という観点で考えていると、相続税を計算するための不動産評価額と、実際の時価との差がある物件が少なくないことがわかります。それに気付くことが出来るかどうかが、相続対策の大きな分かれ道となります。

例えば、地方の豪邸《ごうてい》や地方の賃貸アパート。相続税の評価は3億円なのに、実際に売るとなると1億円でしか売れないという物件も少なくありません。

「先祖代々の土地だから、売りたくない」

そう言いたくなる気持ちはわかります。日本人は土地に執着《しゅうちゃく》するものです。やはり、土地からの恵みで生活を支えていた農耕の心が原点にあるのかもしれません。とはいっても、

「それでは、その『気持ち』のためにたくさんの相続税を払うおつもりなのですね」

と聞くと、ほぼ例外なくみんな、

「いや、払いたくない」

と言います。難しいものですね。

相続税を多く払いたくないのなら、やはりその不動産を手放し、1億円の現金に替えてしまえば税金を減らすことができます。さらに、その1億円で都心にマンションを買えば、相続税評価が5000万円程度に下がることもあり、かなりの節税ができます。

現在も農地として営《いとな》んでいるのなら別ですが、物の形を変えて価値を残すという考え方――、これを実行に移せるかどうかが節税のカギなのです。

不動産の整理と相続税対策の例

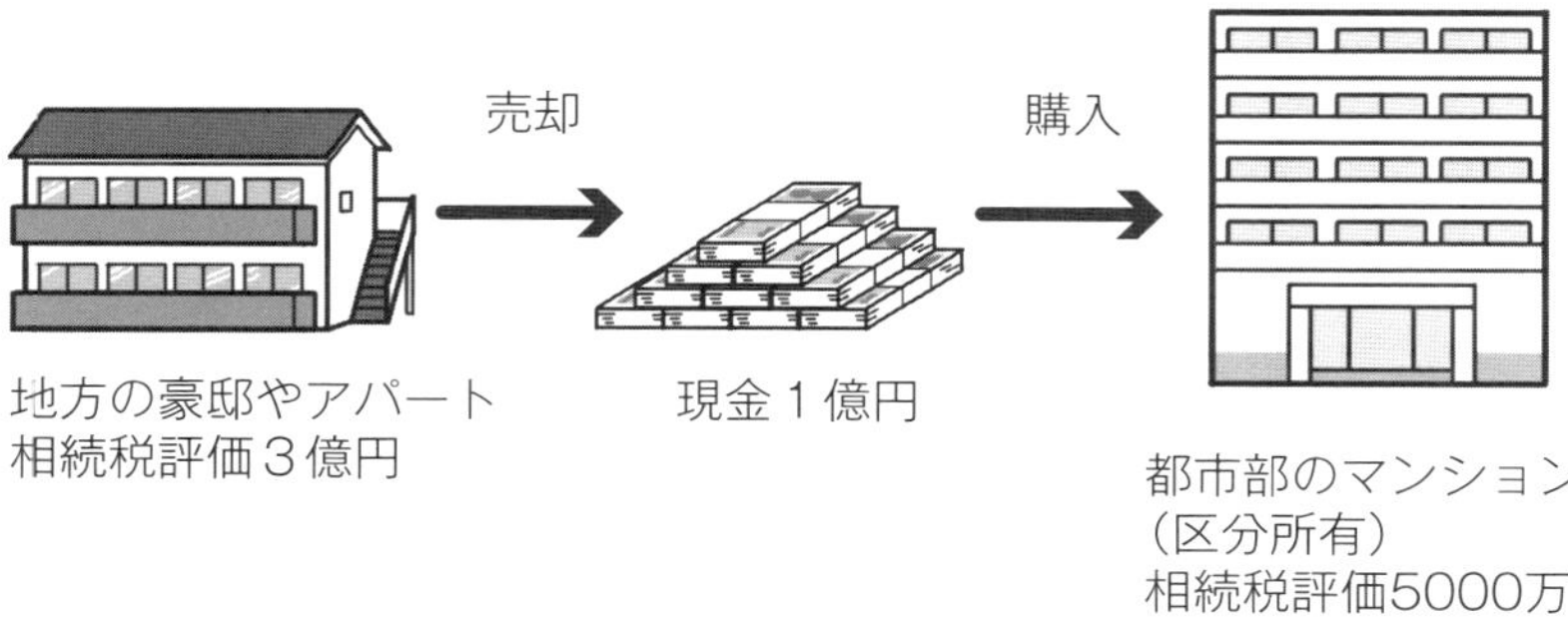

不動産経営には
リスクを直視《ちょくし》する覚悟を

ローリスク・ローリターン、あるいは、ハイリスク・ハイリターン。言葉として聞いたことのある方は多いでしょう。

投資や資産運用において、ローリスク・ローリターンの代表が何か、ご存じでしょうか。ローリスクですから元本保証、だけれどもリターンはある。それは10年物の国債です。これが投資における基準といっていいでしょう。

では、その反対のハイリスク・ハイリターンの代表はというと、それは株式です。投資した会社に何かあれば、株価が大きく下落してしまうリスクが潜《ひそ》んでいます。

投資商品は基本的にこの2つの間のどこかに位置します。その中で、不動産投資はミドルリスク・ミドルリターンと位置づけられています。

ところが、昨今の状況をみると、不動産投資の中でもミドルリスク・ミドルリターンの範囲に収まらず、もはやハイリスク・ローリターンになっているものがあります。それが、本書でもたびたび触れてきた地方の木造アパート経営です。

売る側は、そのリスクの部分を30年一括借上などとリスクをあえて見せて売りまくっていました。しかし、この数年でオーナー側もリスクに気づき始め、訴訟などのトラブルも増えてきました。

やはり、不動産投資イコール不動産経営なのです。ミドルリスク

不動産投資はミドルリスク・ミドルリターン

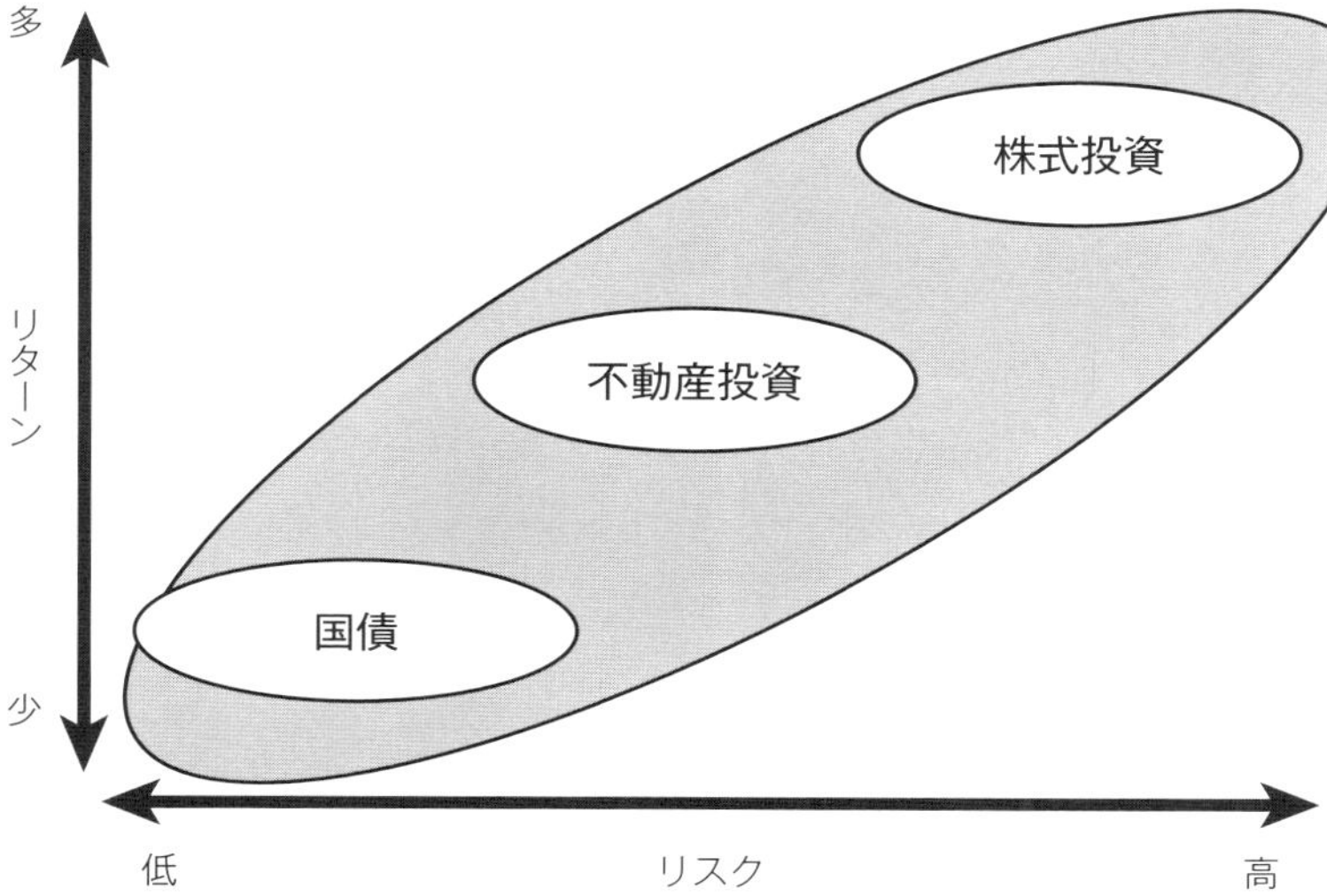

ですから、国債や定期預金のように、何もしなくても安心安全というわけではありません。インカムゲイン（収入益）を継続できる不動産投資のためには、経営者視点が必須《ひっす》です。畑に木造アパートを建てて、30年一括借上で契約管理からすべて購入した会社におまかせで……、というのは楽に見えるでしょうが、それはリスクを覆《おお》い隠しているだけです。

相続を考えたとき、相続人同士のトラブル防止という観点からも不動産の知識は必要ですし、相続税対策としても不動産投資は効果的な手法です。よりよい相続をするために不動産の知識は必要になってきます。

不動産投資と相続対策

不動産投資とは何か。

人に貸す建物を購入する、あるいは、自分の持っている土地に建物を建てることです。では、その目的はというとインカムゲイン、すなわち毎月毎月の賃貸収入を得ることです。

インカムゲインに類《るい》する言葉として、キャピタルゲインがあります。これは、購入した物件の値上がりによる売買益を求めるものです。日本の不動産は、短期的に値上がりするものはあるでしょうが、長期的に見れば今後は値が下がっていくものです。この先、キャピタルゲインを狙って不動産投資する人は少なくなっていくでしょう。

さて、話を不動産投資による相続税対策の話に戻しましょう。現金1億円を持っている場合と、1億円で買った賃貸用不動産を持っている場合で、どれだけ相続税が変わってくるのか――。

現金1億円の場合。他の財産をも含めて相続税の税率が30％の人であれば、相続税は3000万円です。

一方、1億円で買った不動産では、建物は貸家建付地として評価額が減額されたり、土地は固定資産税評価で計算されたりと、全体でおよそ半分くらいの評価になります。現金が不動産に変わっただけで、国税庁は5000万円の価値として見るのです。そうすると、税率も下がる可能性があり、5000万円評価の税率20％で相続税が1000万円になる可能性もあります。

現金の場合とくらべると、２０００万円の節税です。これが不動産投資による相続税対策の基本的な枠組です。

　このこと自体はどの不動産投資でも同様で、田舎に持っている畑をつぶしてアパートを建てても、相続税自体の節税にはなっています。ただ、そういう物件は、自分の土地に借金をしてアパートを建て

不動産を購入すると相続税を抑えられる

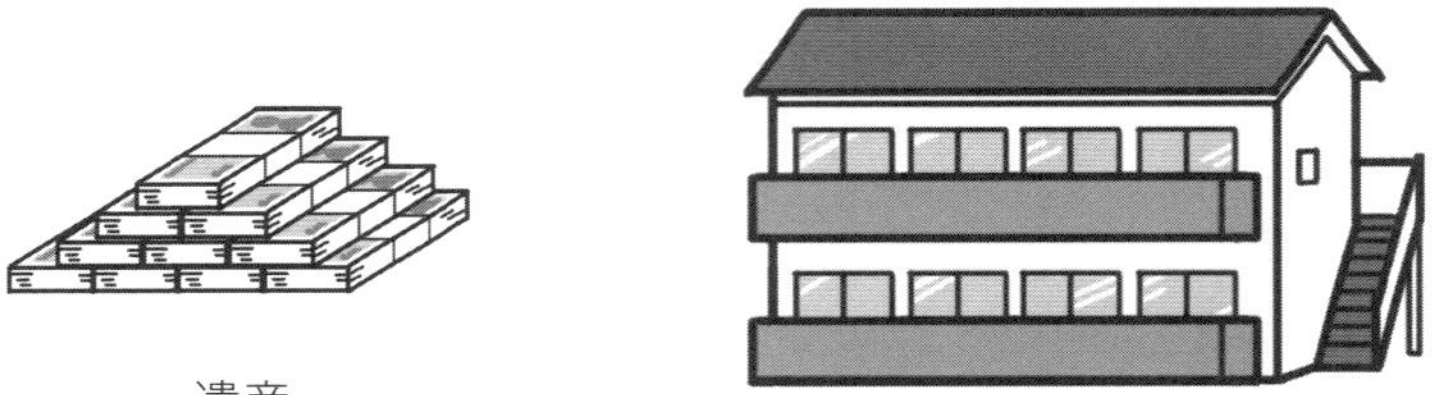

遺産
現金1億円

↓

相続税は約3000万円
（他の財産と合わせて税率30％の場合）

1億円で購入した不動産

↓

相続税は約1000万円
（他の財産と合わせて税率20％の場合）

差額 2000万円

るケースが多く、相続した人間は、ローンを30年間ずっと払わねばなりません。はたして今後も入居者がいて収入は維持できるのか……。

相続税対策には、不動産投資の視点もすごく大事なのです。

財産の棚卸《たなおろ》しは不動産の三分法《さんぶんぽう》で

第１章で触れましたが、相続対策の第一歩として、私は不動産の三分法という考え方を勧めています。

- **死守《ししゅ》すべき不動産**
- **活用すべき不動産**
- **換金《かんきん》すべき不動産**

この３つに不動産を分けて考えようということです。

例えば、そこで生活のために農業をやっている土地、商売をやっている土地、それらはその不動産がなければ生活ができなくなりますから「死守すべき不動産」です。

次に、そこで賃貸《ちんたい》をするとすごく需要《じゅよう》が高い、あるいは、今もアパート・マンションがあり、満室で利回りがいい物件。そういうものがあれば、それは「活用すべき不動産」です。

そして、時価が相続税評価より低いような不動産が、「換金すべき不動産」です。代表的なのが第3章で紹介した地方の木造アパート。他には、リゾート地の別荘や借地権として貸している土地などもここに入るでしょう。

人に貸している土地は、借りている側に借地権が発生しています。この権利がかなり強く、借地権の付いている土地を売ろうとしても評価額の1割~1割5分くらいでしか売れないのです。例えば、更地だったら1億円の価値がある土地を人に貸している場合、そこを売りたくても1000万円程度にしかならないことがあります。

一方で、国税庁は1億円の3割程度（地域によって異なります）、すなわち3000万円と価値を評価し、相続税はその数字で課税されます。それならば、事前に

1000万円でも現金に換えてしまったほうが節税になるということです。

ですから、もし人に貸している土地があるのなら、売ってしまうなり、借地権を買い戻すなりをして、相続前に整理しておくべきです。

今や一流リゾート地でも別荘の処分が難しい

別荘も、固定資産税評価と時価（実勢価格）が食い違う代表的なものです。昔、1億円で買った別荘が今、いくらで売れるかご存じでしょうか。数百万円です。有名リゾート地である旧軽井沢、熱海、湯河原等の一等地で、リフォーム代が数百万円で済ませられるようなきれいな物件ならば、数百万円で辛うじて買い手がつくといった状況でしょう。別荘は、売りたい人は多いのですが、今は買いたい人が本当にいないのです。

そして、固定資産税評価はというと、最初の高かった頃と比べて2割程度までしか下がりません。つまり、時価は数百万円なのに、2000～3000万円の資産として扱われるということです。

とはいっても、別荘に関しては買い手がいないわけで、相続対策として換金するのも難しい状況です。処分できないのであれば、家族で引き継ぎ、思い出のあるイベントの場所として活用していくなど、自分たち

別荘は整理したい不動産だが売るのが難しい

で新たな価値を創り出していくのがいいかもしれません。

「持っている不動産はぜんぶ宝だ」

日本には、今でもそういう気持ちの方が多くいらっしゃいます。しかし、相続税対策という観点で見れば、それは間違いです。死守すべき不動産、活用すべき不動産、換金すべき不動産と、3つに分けて考え、相続が始まるまでに整理に着手してほしいのです。

地方の山林はほぼ価値がない
負の財産を子孫に残すべきか……

ときどき相談を受けるのが、地方に山林を持っているんだけど、相続はどうしたらいいのだろうか……、というケースです。

昔、地方の山林を買っておくと将来値上がりするだろうという投資が流行《はや》った時期がありました。極端な例が「原野商法《げんやしょうほう》」と呼ばれているものですが、そこまで悪どくないとはいえ、地目《ちもく》（登記されている土地の用途）は山林で、周りを見回してもぽつぽつ家が見えるくらい、ライフラインも一切ないという広い土地をお持ちの方も少なくありません。高度成長期の感覚のまま、自宅30坪は長男に贈り、田舎の土地１０００㎡を三男に遺《のこ》したい……と言う方もいらっしゃるのです。

しかし、多くの場合、地方の山林は土地の評価としてはゼロと考えていいかもしれません。それどころか、住宅地に近かったりすると、

「雑草が生え放題なのをなんとかしてくれ」

と言われ、自分の懐から草刈り代を出す事態になったりもします。そうなったら、価値ゼロどころかマイナスです。

では、いらない山林を市区町村に引き取ってほしいと思っても、利用価値がない土地を自治体が引き取ることはありません。税金、すなわち地域の住民のお金を使ってまで維持管理する価値のある土地ではないからです。

企業経営者は
自社株の相続にも注意

ここまで、相続の問題は主に不動産で起こるのに、それを意識されていない方が多いという現状をお伝えしてきました。同じように、相続対策において一般の人に見落とされがちな問題がもうひとつあります。それは会社経営者が亡くなったときの自社株です。

不動産は、

- **分けられない**
- **価値がわかりにくい**
- **換金しにくい**

この3つの特徴があるために、相続のとき問題になるという話をしてきました。実は、非上場会社の自社株もまったく同じ側面があり、相続では要注意なのです。

不動産と同様、事前対策をしておかなかったばかりに思いもかけない相続税を払わなければならなくなったり、遺産分割を巡る争いの元になる代表的なものですので、ここで少し紹介しておきたいと思います。

◆ ◆

とはいっても、実際に中小企業経営者に話を聞くと、

「株式の相続でトラブル？　うちの会社は別に上場《じょうじょう》もしていなくて個人経営みたいなもの。もうかってもいないし、関係ないでしょ」。

そんな風に思っている方がとても多いのです。しかし、株式の相続トラブルは、大きな会社でなく、小さな非上場の会社だからこそ起きます。商店や飲食店、あるいはフリーランスで仕事をしている人でも、税金対策として法人化している方もいると思いますが、企業経営という感覚が薄いこともあり、自社株の問題は見逃されがちです。

これが上場株であれば、株式の価値を市場価格によってきちんと算定でき、売買して換金もできるのですから、それを時価に換算し、他の財産と合わせて相続人で分ければ比較的公平に分けられるでしょう。

ところが非上場株式の場合、そうはいきません。不動産と同様に「価値がわかりにくく」「換金しにくい」のです。

会社として大してもうかっていない——すなわち現金資産があまりないとしても、帳簿上黒字になっていることがあります。その場合、相続において株式の価格は、思ったよりずっと高くなるかもしれません。

また、今は商売があまり芳《かんば》しくないとしても、先代の頃は好調で、そのときに

非公開の自社株は、相続対策の盲点《もうてん》

- 価値がわかりにくい
- 換金しにくい
- 分けられない

→ 相続で問題になる

建てた好立地の自社ビルで営業していることもあるでしょう。あるいは、80〜90年代の羽振りがよかった時代に税金対策で会社名義の不動産を買い、そのまま持っている例もあります。会社名義で評価の高い不動産を保有していると、これもまた株価が高く算定される要素になるのです。

対策としては相続時に株価が下がるようにすることも

このように、相続における自社株の問題のひとつは株価対策、つまり、持っている株がいくらと評価されるかということです。

相続税を抑《おさ》えるためには、株式の評価を下げるという手段を使います。典型的な例では、役員退職金規定を作り、亡くなったときに退職金をどかっと払うのです。そうやって、亡くなったときに会社の現金が外に出る仕組みを作っておくと、相続時の株式の評価を下げることができ、相続税対策になるのです。

このあたりは、それぞれの会社によって細かい事情もあるでしょうから、具体的な手法についてはそれを専門とする税理士などに相談するのがよいでしょう。

さて、自社株の相続には問題がもうひとつあります。それは、株式が複数の人間に分散するきっかけになってしまうことです。ここで、私が携わったひとつの事例を紹介しましょう。

父（75）、母（65）、息子（45）とその家族で同居しています。父には前妻との間にできた娘（50）がいて、別に暮らしています。

一家は父が創業した町工場を経営していて、父が社長で100％株主、母が専務、息子が常務でした。父も周囲も、当然、息子が会社を継ぐであろうという認識です。

この父が亡くなったのですが、遺言書は作っておらず、主な遺産は一家で住んでいた家と土地、そして自社の株式でした。ここで前妻との間の娘が現れ、

「自分も相続の権利があるので遺産の4分の1が欲しい」

と主張してきたのです。

家は、息子家族と母で住み続けるため、売ったり渡したりするわけにはいきませ

自社株を持つ企業経営者は必ず遺言書を

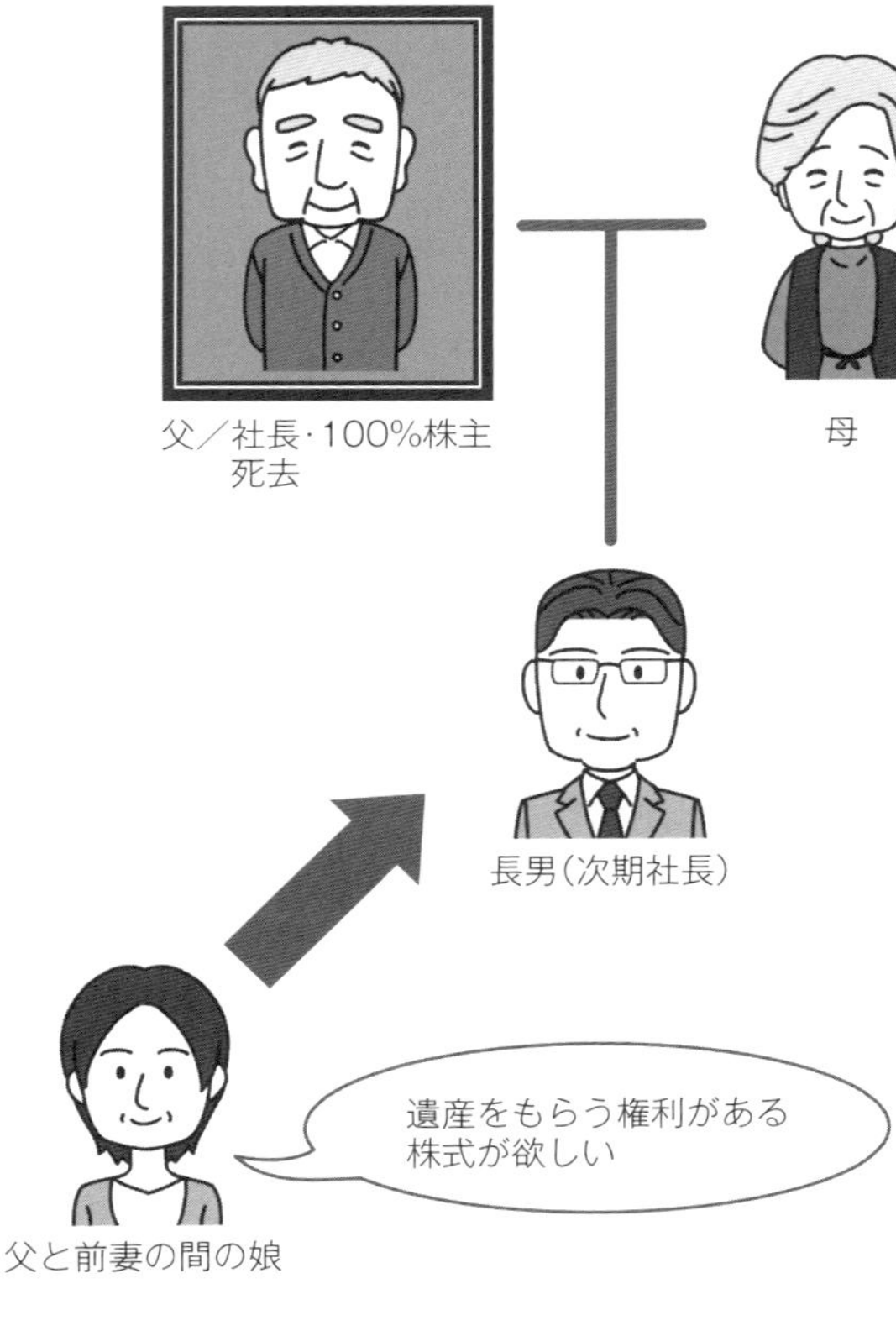

ん。現金や有価証券をかき集めても娘の相続分に相当する遺産を用意できないと伝えると、

「それなら、会社の株式を３分の１もらえればいい」

ということになり、仕方なく了承《りょうしょう》しました。

株式の過半数は息子が持っているし、前妻の娘も、今はとくに経営に口出しすることはありません。しかし、将来の会社経営に不安を残す相続となってしまいました。

遺言書は必ず作る
株式は分散させない

まず、この事例について少し解説しましょう。前妻の子には法定相続分が４分の１あり、遺言書に遺産分配方法が指定されていたとしても、遺留分として遺産の８

分の1をもらう権利があります（参考・第3章ケース❻）。

やはり、会社経営に対し、部外者である前妻の子が大株主として口を出せる状況はよくありません。株式を遺産として相続させなくても済むよう、父は遺言書を作り、生前から現金や不動産などを準備しておかなければならなかったのです。きちんとした事業継承を望むのなら、そこまで含めて経営者の責務といえるでしょう。

この事例では、今まで会社に関わっていない完全な部外者（前妻の子）への譲渡という話ですから、株を渡したくないというのは理解しやすいと思います。

では、これが、

父　　社長（100％株主）
長男　専務
次男　常務
三男　部長

という同族会社だったらどうでしょうか。

父が自社株に対する相続対策をしないまま亡くなり（母は先に亡くなっていると

します）、遺産は兄弟３人で３分の１ずつの権利ということになります。それなら、自社株も３分の１ずつ分ければ平等でいいじゃないかというと、それはトラブルの元です。

生前の株式譲渡《じょうと》も株式を１人に集中させるべき

この会社なら、長男が次の社長になるのが自然でしょう。しかし、株式会社は株主のもの。兄弟３人が同じだけの株を保有し、同じだけの権利を持っていたら、社長として経営がとてもやりづらいのは間違いありません。次男、三男の意見は採《と》り入れるにしても、最終決定を下す社長に権限を集中させた方がスムーズにいくケースがほとんどでしょう。

そのため、父があらかじめ遺言書に「株式はすべて長男に相続させる」と書いておき、次男と三男には他の遺産を分配することでバランスを取るのがひとつの方法です。

しかし、税理士の中には、相続対策として生前に複数の息子への自社株譲渡を勧《すす》める人がいます。節税という点だけでみれば、利益の少ない早い段階で株式を次々と息子へ譲渡しておくのは有効な方法かもしれません。でも、これはお勧めできません。分散させずに、後継者と決めている子ども1人に集中して株式を渡すべきなのです。

余談ですが、株式というものは、遺言書で「誰に何株相続させる」などと指定されていない場合、相続人全員による共有（準共有）となります。遺産として300株があり、相続人が兄弟3人だとします。この場合、3人それぞれ100株ずつ相続になるかというと、法律上は違うのです。300株全体を3人で共有（準共有）することになります。

相続における自社株の問題点

①株価対策

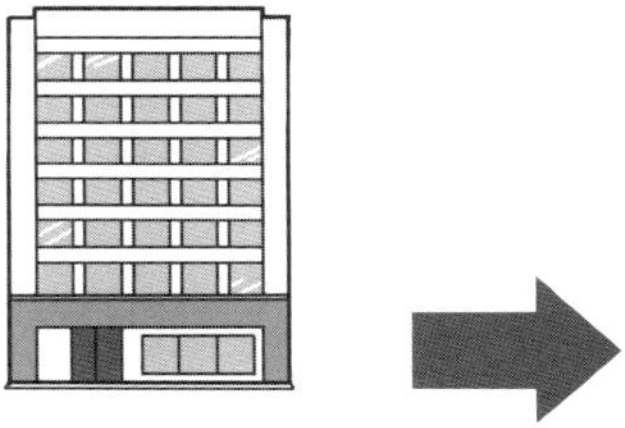

●役員退職金規程を作る
●不動産を整理する

会社が帳簿上黒字だったり、自社ビルなど高評価の不動産を持っていると株価を高く評価され、相続税も高くなる

②分散対策

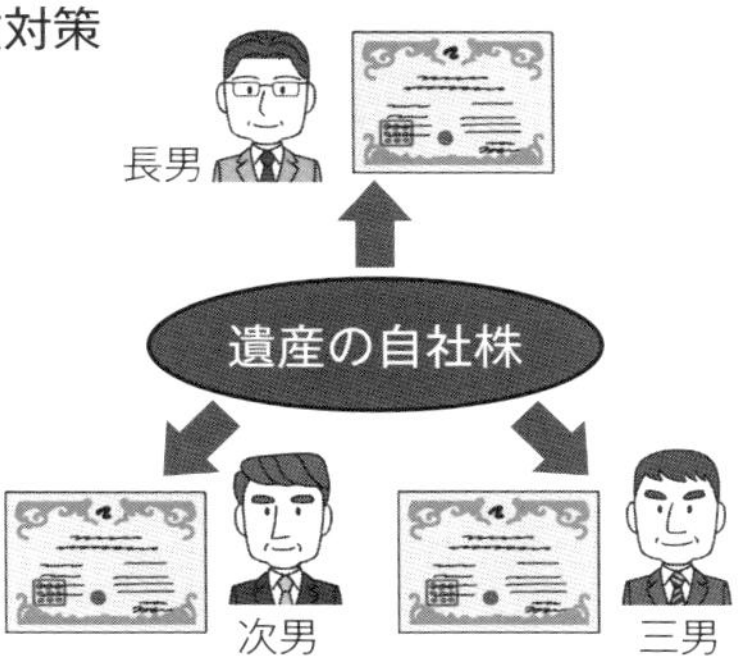

△

相続時、株式を平等に分配してしまうと経営リスクも

○

自社株の相続は社長に集中。
他の子には別の遺産を用意

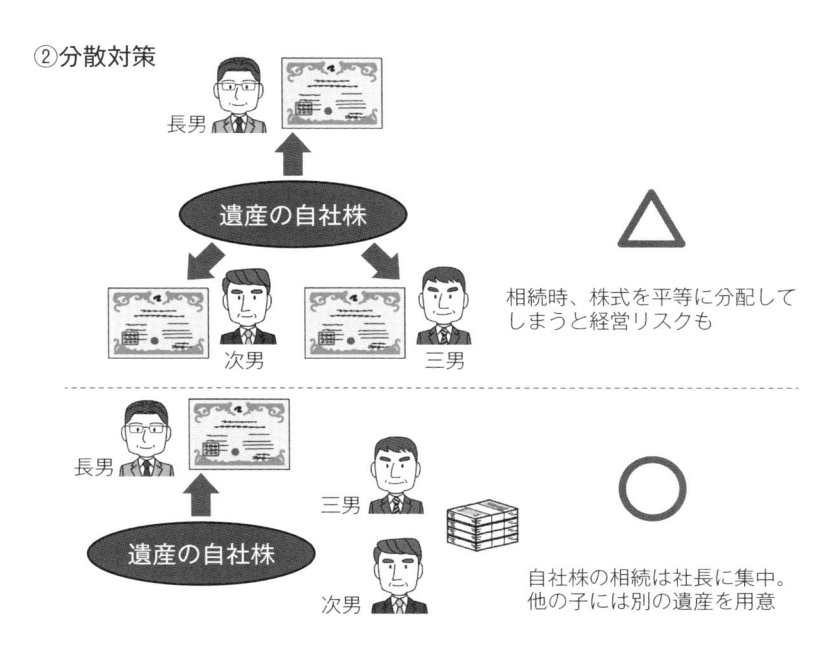

相続が起きたとき
その会社を終わらせるのですか、続けるのですか

『ゴーイングコンサーン』という言葉があります。

企業というものは、時代時代の株主、そして経営者を得ながら、無期限に継続していくという考え方のことです。

しかしながら、現代日本では、戦後の高度成長期を支えた中小企業創業者が高齢になり、後継者がおらず廃業・閉店を選択する人も多くなってきたのが現実です。

私が相談に乗っている中に、創業から60年くらいになる東京湾岸の海産物製造の会社があります。

そこの社長は、

「もう卸《おろし》価格がどんどん下がって赤字だから、息子達に会社を継がせる気はない」

と言っていました。ただ、従業員を60人ほど使っているため、自分の考えだけで突然、会社を畳むわけにはいきません。会社保有の不動産を処分して株価をコントロー

ルしつつ従業員の退職金を払って人を減らしています。非常に苦労しながら、ソフトランディングの規模縮小に取り組んでいるのです。

第2章で、「相続は子育ての集大成だ」と書きました。同じように、会社経営者としても、相続という会社の節目をきちんと見据《みす》えることが大事です。

相続が起こったとき、

「あなたの会社を終わらせるのですか、続けるのですか」。

工場でも商店でも法人化したフリーランスでも、まずそれを決めることが相続対策の第一歩でしょう。

続けることを決めたなら、では誰を後継者にして、そのためにどういう相続税対策を取ろう、と明確な方向が見えてくるものです。

終章

相続の相談は
不動産知識のある
ゼネラリストへ

いつ、行動すればいいのか早すぎるということはない

ほとんどの人が、将来、相続という事態が起こることは頭ではわかっています。なのに、実際に相続対策に向けて行動を起こす人は、なぜか多くありません。第1章でも述べましたが、相続というものは、発生してしまったら、その後からできる対策はほとんどないのです。

さて、相続は、いつ発生するのでしょうか。民法の規定では、その人が亡くなった瞬間です。亡くなった瞬間の財産がいくらか算定し、それを法定相続分に従い、遺族で分割するのが相続というわけです。

妻と子どもが3人いる夫が亡くなったなら、相続が発生した瞬間に一旦《いったん》、遺産の2分の1が妻へ、6分の1ずつが3人の子どもへ分けられたと考えます。もし、生前の遺言書があれば、後に、その遺言書に従って分割を変更することができます。また、遺産分割協議という当事者間の話し合いで合意にいたれば、その旨、変更す

ることもできます。

では、遺言書もなく、協議の話し合いもまとまらなかったらどうなるでしょうか。それは、亡くなった瞬間に分ける割合が決まっていたのだから、変更なく、法定通りの割合になります。これが相続の原則的な考え方です。

相続は亡くなった瞬間に起こる、そして、実際に相続が発生したらその後にできる相続対策はほとんどない。この2点を踏まえ、相続対策をいつ行動に移せばいいのか――。

少し前に流行った言葉を使えば、「今でしょ」ということになります。対策を講じるのに、早すぎるということはありません。

相続が発生した後にできることはほとんどない

例えば、兄弟の子ども、すなわち甥《おい》や姪《めい》に遺産を相続させたい。あるいは、妻の兄弟に大変世話になったので財産を分けたい、という場合があります。

どちらも法定相続人ではないので、遺産を相続させたければ遺言書に記載しなければなりません。遺言書がない場合、法定相続人が全員、その人に遺産を相続させたいと同意しても、相続という形では贈れません。相続人からの「贈与《ぞうよ》」となってしまい、金額によっては贈与税が課されます。

また、一般的によく行なわれる相続税対策である

●現金資産を不動産に換える

●生命保険に加入という形で相続財産から外す

こういった手法で相続税を抑えることも、相続発生前でなければできません。

また、法律による制限もあります。

「生前贈与は3年持ち戻し」

という決まりがあります。例えば、父が息子に毎年贈与していたとして、相続開始から遡《さかのぼ》って3年以内の贈与は、贈与がなかったものとして扱います。

こうしないと、病気で余命数カ月という診断が出たら生前贈与すれば税金を払わなくていい、ということになってしまうからです。（ただし、孫への生前贈与については、「3年持ち戻し」の対象ではありません。そのため、孫へ積極的に生前贈与しましょうという相続税対策もあります）。これはあくまで相続税の計算についての話ですから、実際に受け取った財産を戻せという話ではありません。

不動産の知識が相続対策には不可欠《ふかけつ》

第1章でも述べましたが、私は、セミナーなどで話をするとき、「相続は事前9割、事後1割」という言葉を使っています。

ただしこれは、聞き手のみなさんへの伝わりやすさに重きを置いた表現で、実際、相続が発生した『事後』にできる対策は、1割もないのです。前述した通り、理屈の上では、被相続人が亡くなった瞬間に遺産は相続人のものになっているのですから。

では、『事後』にはできることがほとんどない中で、何かできるのか。それは、相続について詳しい税理士を探して頼むことくらいでしょうか。

「なんだ、そんなこと……」、と思われるかもしれません。とはいえ、相続のための土地の評価は、専門的な知識が必要です。法律で定められてはいますが、それだけで決まるわけでもなく、準法律とも呼ばれる『財産評価基本通達』に土地の評価を減額できる要素が、たくさん書かれているのです。そこから何が適用できるかわかっていれば、土地の評価額を抑えることができます。知識不足だと高い相続税となってしまうかもしれません。

もう少し詳しく説明すると、同じ面積でも三角形の土地は、実際に売るときに価値が低くなります。他にも、崖下、墓地のそば……等々、使い勝手が良くなくて価値の下がる土地は、相続税においても低く算定してかまわないというルールがあるのです。そのあたりを細かいところまで知っている税理士さんは、20人に1人程度くらいではないでしょうか。

当然、相続税の額にも影響しますので詳しい税理士を選ぶべきです。しかし、事後にできることは、相続が発生する前にできる対策に比べると、やはり1割以下ということになるでしょう。相続後にできることは、本当にそれくらいなのです。

実際の使用状況と登記《とうき》を合わせる
それが相続対策の最初の一歩

東京都内西部の住宅地であったケースです。

大きな土地の中に自宅、月極《つきぎめ》駐車場、アパート、事務所部分があります。実際は、その４つに分けて使用している土地なのですが、現状の土地の登記は、その区分になっていないのです。

この土地の相続を考えたとき、

「自宅は長男に」

「アパートは次男に」

「月極駐車場は誰々に……」

と、現実の用途別に継がせたいと考えるのが一般的な感覚でしょう。なかには、そういう書き方をした遺言書を見ることもあります。

しかし、実際の土地の登記は、使用状況と違う形で区分されています。このケースでは、自宅と月極駐車場部分が101番地、アパートとアパート用の駐車場の一部が102番地、事務所を含む残りが103番地、共用の道路部分も3つに分割されていました。3つの番地すべて所有者が同じですから、区分を意識せず、自由に使っていても

使用区分と登記上の区分けが一致していないと相続トラブルの元

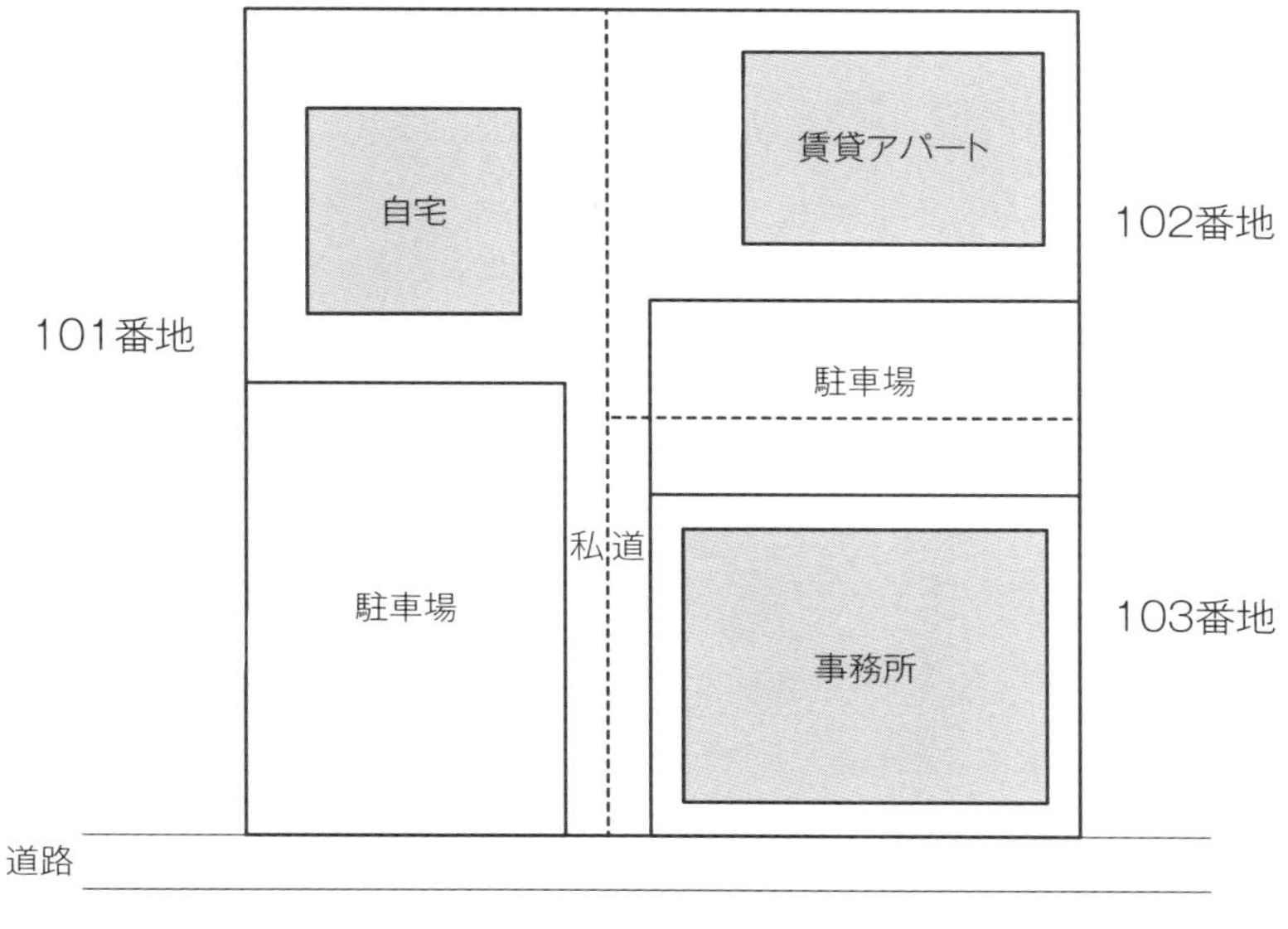

実線：実際の使用区分
点線：登記上の地番の区分け

普段は何も問題がないのです。

ただ、相続となると話が別です。この土地から事務所を譲りたいとすると、103番地からアパート用の駐車場と共有の道路部分を除いた部分ということになります。月極駐車場と自宅の敷地も同じ番地ですから、これも分割しなければなりません。

さらに、遺産の分割が円満に済めばいいのですが、

「事務所の価値は自宅部分と比べてどうなんだ?」

「アパートは道路にも面していなくて価値が低そうだし、俺は損しているんじゃないか?」

等々、不満の原因にもなりかねません。

ですから、まず最初に土地を実際の使用状況に合わせて登記し直し、不動産の価値をそれぞれ確定しておくことが大事なのです。

都内でも、杉並区や世田谷区には、このような物件が本当に多いのです。事前にきちんと区分し直しておけば、相続が発生してもスムーズにトラブルなく進みます。また、相続税額が変わってくることもあります。

不動産を持っている人は、まず、このあたりから確認を始めましょう。

相続対策を頼むのは弁護士？　税理士？　信託銀行？

遺産相続を誰に頼んだらいいのか、ということを考えたことがあるでしょうか。相続税といえば税金なのだから税理士。

あるいは、法律に関しては間違いないだろうから弁護士。

そう考える人は多いでしょう。それに加えて最近は、銀行・信託銀行がこの分野に乗り出してきているため、勧誘を受けて相続関係を任せるという人も出てきました。

でも、少し考えてほしいのです。本書で述べてきた通り、相続財産の中で中心を占めるのは不動産です。遺産分割の問題も多くは不動産関係で起きます。つまり、関係者すべてが満足のいく相続をしようと思ったら、不動産の知識がある人間を相続に関わらせるべきなのです。

もちろん、税理士の中にも相続関係を多く手がけていて、不動産の相続について、ある程度詳しい方もいます。しかし、そういう方は、税理士の中でも20人に1人くらいでしょう。税金の部分はプロフェッショナルだとしても、不動産をどのように分けたらもっとも価値の高い分け方ができるか等までを、ご存じない方が大半です。ですからただ「税の専門家だから」という理由で相続対策を税理士にすべて丸投げしてしまうのは、あまりお勧めできません。

では、弁護士はどうでしょうか。

弁護士は、争い事を収めるのが仕事ですから、相続人が複数いるケースを円満に運ぶのに向いている部分はあります。ただ、やはりこちらも不動産特有の知識を持っているかが問題です。例えば、遺産の不動産を兄弟3人で分けることになったとします。不動産を複数人で分割するには、

①現物分割
②換価分割
③代償分割
④共有分割

と、4つのやり方があると紹介しました。。問題は④の共有分割です。1つの建物なり土地なりの権利を兄弟3人で共有するやり方ですが、われわれ不動産の専門家がこれを勧めることはまずありません。将来、不動産を活用したり処分するとき、

あるいは再び相続が発生したとき、必ずトラブルになるからです。

ところが、弁護士の中には、その場の争いを収めることを優先する傾向があり、「法律で共有という制度があるのだから、兄弟3人で共有すればいいじゃないか」と共有分割を勧める方もいるのです。法律の条文や解釈に重きを置くせいでしょうか。不動産の専門家であるわれわれから見ると、本当に依頼者のためになっているのかと疑問符が付く解決法なのです。

また、実際の相続に関する事例を見ていて、家族の中で弁護士に依頼した当事者がいちばん得をするような解決法に導く傾向があるとも感じます。

そして、銀行や信託銀行。

最近、テレビCMなどで「遺産相続は信託銀行へ」という宣伝をよく見るようになりました。やはり、『銀行』という名前が大きいようで、年齢の高い方を中心に、ブランドの力で信頼感を覚える人は多いようです。

しかし、一般個人に向けてはきめ細やかなコンサルティングがあるわけでもありませんから、「銀行」という名前だけで信頼せず、内容をしっかりと見て選択してほしいのです。

第3章で紹介したアパートローン勧誘のケースも同様ですが、メインバンクといえども、やはり銀行は「融資」という商品を通じて自社の利益を追求するもの。それを忘れないでください。相談に乗ってくれているからと、内容も見ずに依頼するのは注意が必要です。

不動産を熟知《じゅくち》した ゼネラリストが必要

では、相続は誰に相談すべきか。

税金の専門家である税理士、法律の専門家である弁護士、登記の専門家である司法書士、不動産の専門家である不動産コンサルタント、行政手続きに精通する行政書士……。さまざまな分野の専門家が重なっているのが相続です。ということは、それぞれの分野についてある程度の知識をもち、必要な専門家へも話をつなげることのできる『ゼネラリスト』が相続のアドバイザー側に求められる姿です。

本当であれば相談者自身が、税金の部分は税理士に、不動産の分割については不動産コンサルタントに……等々、それぞれのスペシャリストに分けて仕事を依頼するのが理想かもしれません。とはいえ、それは時間的にも知識の面でも無理があります。ですから、相続全体の知識を持ち、専門家との連携も取れる相続のゼネラリストに相談するのがベストでしょう。

税理士と弁護士は国家資格であることもあり、一般にも認知度は高いと思いますので、ここで不動産についての資格を紹介しておきます。

土地や建物の活用や売買についてアドバイスをする専門家は、一般的には「不動産コンサルタント」と呼ばれています。ただ、コンサルタントという言葉に対して、「土地をだまし取ったり、買いたたこうとしているんじゃないか」といったようなイメージを持ち、身構えてしまう方もいらっしゃるのではないでしょうか。

不動産の資格としてはまず、宅地《たくち》建物《たてもの》取引士《とりひきし》、通称「宅建士《たっけんし》」というものがあります。これは不動産に関する業務を行なうための国家資格で、全国に約百万人の有資格者がいます。この宅建士を対象に、経済・金融、建築、税制などより幅広く高度な知識を身につけ、不動産の相談に的確に応じることのできる人物であることを認定する「公認・不動産コンサルティングマスター」制度が存在します。

さらに、その不動産コンサルティングマスターの中に、相続の知識と実務経験を持つ「相続対策専門士」が置かれています。これは全国で300人程度。不動産のスペシャリストでありながら、相続全般に精通したゼネラリストと言える存在です。

相続対策には総合的な知識が必要

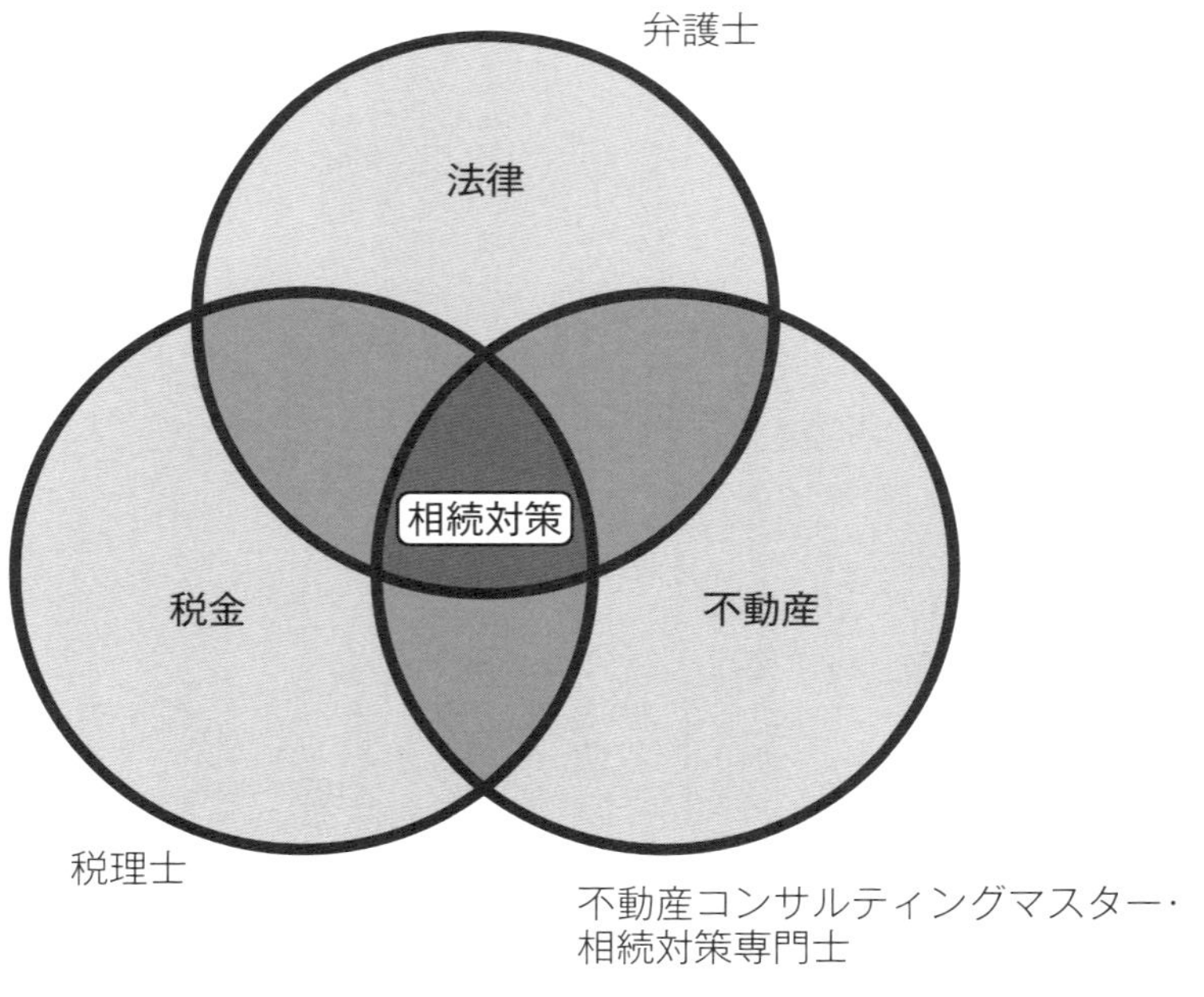

相続においても セカンド・オピニオンを求める時代に

医療の世界では、『セカンド・オピニオン』が一般的になりつつあります。主治医とは別の医師の意見を聞き、広い視点で自らの治療方針を決定するというものです。

遺産相続に関しても、本来であれば税金、法律、不動産など、複数の立場からの意見を聞くのがベストなのです。しかし、現状は気軽に「我が家の相続に関して、セカンド・オピニオンだけを聞かせてください」と、さまざまな専門家に意見を聞くシステムはできあがっていません。

相続において、やり方によって税金が大きく変わったり、遺産分割で不満が出てくるポイントは、何より不動産です。もし、遺産が現金で6000万円あり、法定相続人が兄弟3人ならば、お札を数えて2000万円ずつ分ければ、誰も文句を言わないでしょう。

ところが、これが評価額6000万円の土地になると、一気に複雑になります。分割の仕方、実際に売れるのか、相続税はいくらになるのか……。だからこそ、相続対策において不動産に精通しているアドバイザーは不可欠なのです。

今では各地に一般社団法人等の相続の相談窓口ができています。これらは税理士や弁護士、司法書士、不動産コンサルタントといった専門家の集まりですので、ひとつの立場に偏らないゼネラリスト視点のアドバイスが期待できます。

私が相続の仕事に携わっていて思うのは、相談者自身が「本当は、こうしたい」という自らの真の意思を自覚していないことが多いという点です。

そして、家族の中でも長男が考える相続と、末の妹が考える相続は、異なるものです。相続とは多義的で、関わる人一人ひとりにとって中身が異なるものなのです。必ずしもひとつの答えがあるわけではない「相続」というもの、そこから当事者全員ができるだけ幸せになれる方法を探す――。

そのためには、法律や税金の知識だけではなく、人の心についての洞察力《どうさつりょく》も求められているのかもしれません。高齢化時代を迎える日本には、そんな総合的な知識を持つゼネラリストこそが必要なのです。大会社の看板やブランド、資格にとらわれず、最終的には、現実の人間を知る相続に精通《せいつう》したアドバイザーへ気軽に相談できる社会が求められています。

それが、心の相続、みんなが幸せになる相続を実現するための第一歩になるでしょう。

相続の問題は不動産の問題です！

幸せをつなぐために、今、あなたがしなければならないこと

2018年6月14日　　第1刷

［監　修］　小林《こばやし》 啓二《けいじ》

［執筆協力］　内田 智

［編　集］　株式会社 インサイド

［表紙デザイン］　銀月堂

［本文デザイン・DTP］

有限会社 Y2 デザイン

［編集担当］　加藤 敦（株式会社南雲堂）

［発 行 者］　南雲一範

［発 行 所］　株式会社南雲堂

東京都新宿区山吹町 361

T E L　03-3268-2311

F A X　03-3269-2486

U R L　http://www.nanun-do.co.jp/

E-mail　nanundo@post.email.ne.jp

［印 刷 所］　恵友印刷株式会社

［製 本 所］　松村製本所

〈1-573〉

ISBN 978-4-523-26573-3　C2077

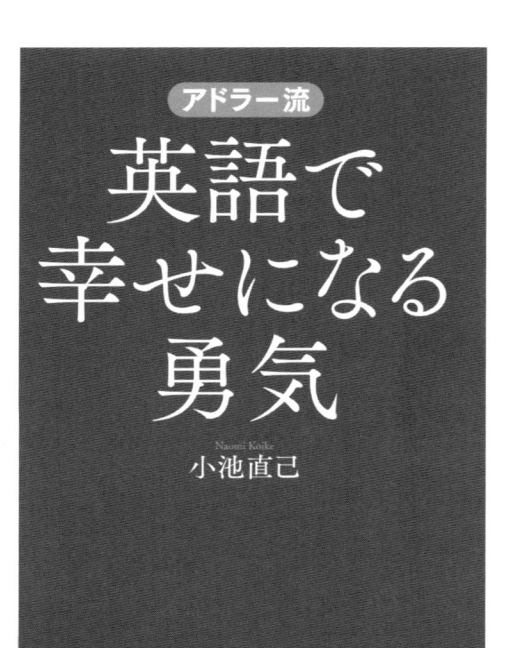